LE RECESSIONI SONO IL MOMENTO IN CUI SI CREANO MILIONARI E MILIARDARI.

LE RECESSIONI SONO IL MOMENTO IN CUI SI CREANO MILIONARI E MILIARDARI.

A cura di: D.K. Hawkins
Versione 1.1 ~dicembre 2022
Pubblicato da D.K. Hawkins su KDP
Copyright ©2022 di D.K. Hawkins. Tutti i diritti riservati.

Nessuna parte di questa pubblicazione può essere riprodotta, distribuita o trasmessa in qualsiasi forma o con qualsiasi mezzo, compresi fotocopie, registrazioni o altri metodi elettronici o meccanici o qualsiasi sistema di archiviazione o recupero di informazioni, senza il previo consenso scritto degli editori, tranne nel caso di brevissime citazioni contenute in recensioni critiche e di alcuni altri usi non commerciali consentiti dalla legge sul copyright.

Tutti i diritti sono riservati, compreso il diritto di riproduzione totale o parziale in qualsiasi forma.

Tutte le informazioni contenute in questo libro sono state accuratamente ricercate e controllate per verificarne l'accuratezza. Tuttavia, l'autore e l'editore non garantiscono, in modo esplicito o implicito, che le informazioni contenute nel presente documento siano adatte a ogni individuo, situazione o scopo e non si assumono alcuna responsabilità per errori od omissioni.

Il lettore si assume il rischio e la piena responsabilità di tutte le azioni. L'autore non sarà ritenuto responsabile di eventuali perdite o danni, conseguenti, accidentali, speciali o di altro tipo, che possano derivare dalle informazioni presentate in questo libro.

Tutte le immagini sono libere di essere utilizzate o acquistate da siti di foto stock o royalty-free per uso commerciale. Per la stesura di questo libro mi sono basato sulle mie osservazioni e su molte fonti diverse; ho fatto del mio meglio per verificare i fatti e dare credito a chi di dovere. Nel caso in cui venga utilizzato del materiale senza il dovuto permesso, vi prego di contattarmi in modo da correggere la svista.

Le informazioni fornite in questo libro hanno uno scopo puramente informativo e non sono da considerarsi una fonte di consulenza o di analisi del credito in relazione al materiale presentato. Le informazioni e/o i documenti contenuti in questo libro non costituiscono una consulenza legale o finanziaria e non dovrebbero mai essere utilizzati senza aver prima consultato un professionista della finanza per determinare cosa sia meglio per le vostre esigenze individuali.

L'editore e l'autore non forniscono alcuna garanzia o altra promessa in merito ai risultati che possono essere ottenuti utilizzando il contenuto di questo libro. Non dovreste mai prendere alcuna decisione di investimento senza aver prima consultato il vostro consulente finanziario e aver condotto le vostre ricerche e la vostra due diligence. Nella misura massima consentita dalla legge, l'editore e l'autore declinano ogni responsabilità nel caso in cui le informazioni, i commenti, le analisi, le opinioni, i consigli e/o le raccomandazioni contenuti in questo libro si rivelino inesatti, incompleti o inaffidabili o comportino perdite di investimento o di altro tipo.

Il contenuto di questo libro, o quello reso disponibile, non è inteso e non costituisce consulenza legale o di investimento, e non si instaura alcun rapporto avvocato-cliente. L'editore e l'autore forniscono questo libro e i suoi contenuti "così come sono". L'uso delle informazioni contenute in questo libro è a vostro rischio e pericolo.

INDICE DEI CONTENUTI.

INDICE DEI CONTENUTI. 3

INTRODUZIONE. 5

CAPITOLO 1: COME CI SI PREPARA A UNA RECESSIONE? 7

CAPITOLO 2: COME SUPERARE GLI OSTACOLI. 15

CAPITOLO 3: CRESCITA DELLE VENDITE DURANTE LA RECESSIONE. 29

CAPITOLO 4: MARKETING DURANTE LA RECESSIONE ECONOMICA. 41

CAPITOLO 5: STABILIRE LA PROPRIA IDENTITÀ DURANTE LA RECESSIONE. 54

CAPITOLO 6: COME FAR CRESCERE LA PROPRIA ATTIVITÀ IN UN PERIODO DI RECESSIONE. 58

CAPITOLO 7: COME SMETTERE DI PREOCCUPARSI E RIORIENTARE L'ATTENZIONE SULLA CRESCITA AZIENDALE! 62

CAPITOLO 8: ESSERE ATTIVI PIUTTOSTO CHE PROATTIVI. 68

CAPITOLO 9: STRATEGIE PER LA STABILIZZAZIONE DELLE IMPRESE DURANTE UNA RECESSIONE. 76

CAPITOLO 10: COME LE GRANDI AZIENDE POSSONO PROSPERARE ANCHE IN TEMPI DIFFICILI. 84

CAPITOLO 11: FAR CRESCERE LA VOSTRA ATTIVITÀ INDIPENDENTEMENTE DALLE CONDIZIONI DI MERCATO. 96

CAPITOLO 12: CONCENTRARSI SULL'INNOVAZIONE, NON SULLA RECESSIONE. 102

CAPITOLO 13: STRATEGIE PER AUMENTARE LE VENDITE DURANTE LA RECESSIONE..109

CONCLUSIONE. 113

INTRODUZIONE.

Conosciamo tutti le ripercussioni negative di una recessione, tra cui la disoccupazione, l'inflazione e molto altro ancora, ma credetemi: c'è del buono da trovare. In questo libro descriverò i vantaggi dell'attuale recessione economica e come potreste iniziare a guadagnare una fortuna entro il prossimo mese.

Inizierò questo articolo con alcuni fatti. Durante la Grande Depressione sono stati creati più milionari che in qualsiasi altro periodo. Sì, sono stati creati più milionari durante uno dei peggiori periodi della storia degli Stati Uniti che in tutte le altre epoche messe insieme. Ci si può chiedere il perché di questa situazione, e la risposta è semplice: la necessità!

Necessità! Non è un fenomeno inspiegabile che fornire ciò che gli altri desiderano sia il modo più semplice per diventare milionari. Le vendite dirette sono solo un sottoprodotto della crisi economica.

Le vendite dirette sono il percorso più ragionevole per raggiungere l'indipendenza finanziaria. Internet è collegato al modo in cui la tecnologia sta trasformando le vendite dirette. In effetti, lo stile di vita di Internet è auspicabile, ma ci sono molti prerequisiti per il successo.

È necessario impegnarsi in ciò che si fa, altrimenti non si raggiungerà mai la vita che si desidera. Secondo l'adagio "dovresti misurare il tuo ego dal tuo conto finanziario", la tua opinione non ha valore se qualcuno ha ciò che desideri. Pertanto, sottomettetevi al bene comune.

I vantaggi della recessione economica sono molti di più di quanto non sembri all'inizio, ma è necessaria una strategia per raggiungere i propri obiettivi. Se alla fine volete lasciare il lavoro, licenziare il vostro capo o semplicemente prendervi una vacanza e passare più tempo con la vostra famiglia, avete già il desiderio di farlo. Pertanto, adottate le misure discusse in questo LIBRO. Buona lettura.

CAPITOLO 1: COME CI SI PREPARA A UNA RECESSIONE?

Che cos'è esattamente la recessione?

In termini economici, si tratta di una contrazione dell'economia per almeno due trimestri consecutivi. Le imprese producono meno jeans Sean John e autocarri Cadillac Escalade perché i consumatori americani, che rappresentano circa il 70% di tutta l'attività economica, spendono meno soldi rispetto a sei mesi fa.

Poiché i consumatori continuano a ridurre la spesa, le imprese limitano la produzione di beni e servizi e iniziano a licenziare i dipendenti per ridurre le spese e mantenere i profitti. Dato che le prospettive economiche sono poco rosee, gli investitori non sono più sicuri che le imprese saranno in grado di aumentare i profitti vendendo più prodotti, provocando un calo del valore delle azioni delle grandi società.

Gli investitori iniziano a vendere le loro azioni quando la loro fiducia diminuisce per evitare perdite future. Per evitare le perdite dovute ai mutui subprime, molti investitori hanno prontamente iniziato a vendere le proprie azioni, provocando un rapido calo del valore del mercato azionario.

Cosa fare per salvaguardare le proprie finanze?

Diventare un imprenditore a tempo parziale.

Consiglio alle persone di prendere in considerazione i modi per aumentare il proprio reddito poiché, quando la recessione sarà finita e tutto sarà tornato alla normalità, avrete ancora quella fonte di reddito e potreste trovarvi in una situazione finanziaria migliore.

Inoltre, scoprirete come diventare "a prova di recessione" creando molti flussi di reddito! È il momento di individuare la vostra passione o il vostro passatempo e di escogitare modi ingegnosi per guadagnare denaro facendo qualcosa che vi piace!

Se non avete un capitale consistente da investire, prendete in prestito del denaro e scoprite un prodotto a basso costo da vendere nei fine settimana per aumentare il vostro reddito "da 9 a 5". Ad esempio, potete negoziare l'acquisto dell'intero inventario di prodotti in un mercatino dell'usato locale a prezzo scontato, per poi rivenderli con un profitto in un mercatino dell'usato locale e ripetere il processo. I risultati finanziari saranno sorprendenti.

Quando l'economia si deteriora, la Federal Reserve riduce i tassi di interesse a breve termine (ad esempio, carte di credito, prestiti auto) per incoraggiare le persone a prendere in prestito e a spendere, rilanciando l'economia. Poiché i tassi di interesse continuano a scendere, questo è un momento eccellente per prendere in prestito denaro per lanciare un'attività.

Ho usato le carte di credito per finanziare il mio "weekend hustle" (vendita di vestiti) all'università. Prima che mi venissero addebitati gli interessi, pagavo il saldo e reinvestivo i guadagni fino a quando non avevo fondi sufficienti e non dovevo più fare affidamento sulla carta di credito. Oggi molte società di carte di credito offrono interessi a tasso zero, il che significa denaro gratuito da investire; tuttavia, è consigliabile leggere le clausole in calce e sapere quando l'offerta scade.

Risparmiare, risparmiare, risparmiare!

So che non tutti hanno il temperamento o la tolleranza al rischio per diventare imprenditori. Quindi, cosa fare se non si è un piccolo imprenditore ma un dipendente da 9 a 5? Se non potete essere un'azienda, potete almeno imparare a pensare come tale: diminuite le spese!

Esaminate tutte le vostre spese e cercate di capire dove potete risparmiare. Cercate di negoziare con i fornitori di servizi, tra cui il barbiere, il parrucchiere, la lavanderia e, se possibile, il padrone di casa. Dopo aver completato l'università, ho scambiato tutto.

In primo luogo, determinavo con precisione cosa piaceva o desiderava quella persona, poi lo trovavo più economico di quello che pagava e mi offrivo di scambiare i miei servizi. Ho risparmiato centinaia di dollari al mese barattando il cibo, l'affitto, la lavanderia e altri servizi.

Rifinanziamento del debito.

Il rifinanziamento del debito è un altro metodo per approfittare dei tassi di interesse ridotti quest'anno. Quando rifinanziate un prestito, la banca o l'istituto finanziario che scegliete estinguerà completamente il vostro prestito attuale e vi proporrà un nuovo contratto di prestito a un tasso di interesse più basso. Se avete un mutuo, un prestito auto o un debito con carta di credito, potreste prendere in considerazione un rifinanziamento a un tasso di interesse fisso più basso.

Ad esempio, se avete un prestito auto di 25.000 dollari con un tasso d'interesse dell'8,5%, la nuova banca di rifinanziamento estinguerà il vostro vecchio prestito inviando un assegno alla vostra vecchia banca ed emettendo un nuovo prestito di 25.000 dollari con un tasso d'interesse del 6%, che probabilmente ridurrà il costo totale del veicolo e i vostri pagamenti mensili.

Dovreste contrattare con la società di carte di credito per ridurre al minimo il tasso di interesse. Probabilmente ridurranno il tasso di interesse se avete pagato più della somma minima e non siete in ritardo con i pagamenti mensili.

Inoltre, in futuro dovreste contattare le società emittenti delle vostre carte di credito ogni sei mesi per richiedere un tasso di interesse più basso e un limite di credito più elevato per risparmiare denaro e migliorare il vostro credito.

Iniziare a investire.

Quando è il momento ideale per investire nel mercato azionario direttamente o tramite un 401(k) o un Roth IRA? Ieri! L'obiettivo è iniziare a investire rapidamente perché il tempo è a vostro favore.

Secondo i notiziari, il mercato azionario ha un andamento negativo e tutti stanno perdendo denaro. La realtà finanziaria, tuttavia, è che l'investimento nel mercato azionario crea ricchezza nel lungo periodo.

Qualche mese fa, mio zio mi ha telefonato dicendo: "Il mercato è in calo e sto perdendo migliaia di dollari. Cosa mi consiglia di fare?". Gli ho appena detto di acquistare altre azioni. Perché? Perché si investe nell'economia americana a lungo termine, spesso tra i 10 e i 30 anni, e a quel punto si dovrebbe essere finanziariamente sicuri.

Mio zio ha anche dimenticato che fino a quest'anno ha guadagnato migliaia di dollari. Il mercato sta attualmente eliminando tutti i cattivi investimenti dovuti alla crisi dei mutui subprime e alla fine tornerà alla normalità, permettendogli di guadagnare ancora di più.

Se smettesse di investire in questo momento, perderebbe i rendimenti futuri di un mercato azionario sottovalutato. Tra dieci o vent'anni, il valore del mercato azionario sarà molto più alto di quello del 2008.

È necessario comprendere che il mercato azionario e l'economia americana subiranno alti e bassi finanziari. Tuttavia, essendo la più grande economia del mondo, continueremo ad avere più alti che bassi finanziari. È necessario partecipare attivamente al gioco del capitalismo per trarre profitto dal continuo progresso economico.

Ricordate che le persone ricche non sprecano tempo ed energie per lamentarsi del prezzo del gas, ma investono in azioni petrolifere in modo da continuare a trarre vantaggio dalla crescita del prezzo del gas.

Sono preparate dal punto di vista fiscale perché sono state spinte a considerare molte strategie per ottenere flussi di reddito multipli. Le persone con una mentalità benestante non temono le recessioni perché sono alfabetizzate finanziariamente e riescono a percepire le opportunità di guadagno laddove altri vedono solo la devastazione finanziaria.

CAPITOLO 2: COME SUPERARE GLI OSTACOLI.

Come ve la cavate in questo periodo di recessione, che ha già causato l'inevitabile disoccupazione di molti sfortunati individui? Ogni mese avete abbastanza soldi per coprire tutti i pagamenti, ma vi rimane molto da spendere con la vostra famiglia? Oppure dovete stringere la cinghia per arrivare al prossimo stipendio? In altre parole, avete sempre più mesi che soldi?

Preferite una soluzione diretta che presto renderà tutto questo impossibile? Allora continuate a leggere perché vi mostrerò esattamente come ottenere questo risultato a partire da oggi, ma prima lasciate che vi spieghi chi vi fornisce questo articolo gratuito e perché.

A meno che non siate già estremamente ricchi, l'amministratore delegato di una società Fortune 500 o vi accontentiate di rimanere poveri, dovete leggere questo studio GRATUITO. Richiederà un piccolo investimento finanziario da parte vostra, ma i risultati che otterrete dopo aver attuato il piano d'azione passo dopo passo che vi illustreremo in questa pagina dimostreranno che sono stati soldi ben spesi.

Uno dei modi più semplici per avviare un'attività da casa nel tempo libero continuando a lavorare per qualcun altro, fino a rendere superfluo lavorare tutta la settimana, mese dopo mese, anno dopo anno per un reddito mediocre, è quello di determinare quali sono i prodotti più acquistati dalla gente. Quali sono i prodotti più richiesti oggi dai consumatori?

Ci sarà sempre una domanda di prodotti per i quali potreste ricevere commissioni dai fornitori per aiutarli a vendere di più. Tuttavia, i prodotti migliori per iniziare sono quelli elencati sopra, che richiedono solo l'inserimento di un link sul proprio sito web in qualità di affiliato, ovvero un agente che fa da tramite tra il venditore e l'acquirente.

Ci possono essere milioni di affiliati di centinaia di migliaia di aziende che commercializzano prodotti altrui, ma la triste verità è che solo una piccola parte di loro riesce a guadagnarsi da vivere perché non sa come avere successo.

È gratuito, o dovrebbe esserlo, iscriversi come affiliato e iniziare a pubblicizzare un prodotto o una gamma di articoli. In genere, vi viene fornito anche il vostro sito web e l'ID affiliato, mentre tutti gli altri ricevono la stessa pagina, che spesso è una copia carbone del sito web dell'azienda. Di conseguenza, siete in concorrenza diretta con loro e non guadagnerete mai solo da quel sito web.

Si viene ricompensati solo se qualcuno acquista da voi. La maggior parte dei consumatori acquista direttamente dal sito web principale dell'azienda, che può spendere una fortuna per attirare molti acquirenti desiderosi sul proprio sito.

Avete bisogno di un sito web unico che invii i vostri aspiranti acquirenti al sito web principale, dove i venditori accettano il pagamento, spediscono il prodotto al cliente e vi inviano un'e-mail per farvi sapere che avete effettuato una vendita. Vi pagheranno ogni due settimane, mensilmente o quando l'importo supera una certa soglia.

Sarebbe molto costoso inviare assegni per pagamenti di soli 3 dollari, anche se la maggior parte dei pagamenti degli affiliati, soprattutto quelli di successo, sono più consistenti.

Se l'articolo viene venduto a 100 dollari, riceverete 50 dollari tramite assegno, deposito diretto o PayPal, che alcune aziende richiedono.

La registrazione di un conto PayPal è gratuita, così come l'apertura di un conto Click Bank, dove potrete trovare numerosi prodotti molto richiesti che possono farvi guadagnare fino al 75% del prezzo di vendita per ogni vendita come affiliato, anche se dovete vendere per poter guadagnare.

Quando dico "vendere", intendo dire che la messaggistica sul vostro sito web genera la domanda mentre il sito web principale della vostra azienda chiude l'affare. In caso contrario, l'attesa sarà un'eternità.

Questo permette ai cosiddetti super affiliati di guadagnare cifre astronomiche mentre gli altri non ottengono nulla. Essi attirano i desiderosi sul loro sito web, catturano i loro indirizzi e-mail e i loro nomi, li indirizzano al sito principale dell'azienda e creano un rapporto con loro.

Perché la gente dovrebbe fidarsi di voi? Praticamente nessuno acquisterà da voi alla prima visita, soprattutto se non sa chi siete. Pertanto, potrebbero essere necessarie numerose e-mail con utili consigli gratuiti prima che siano disposti a riporre la loro fiducia in voi e ad acquistare i prodotti da voi suggeriti.

Inoltre, perché dovreste credermi? Poiché non vi sto costando né un centesimo né un centesimo, se ritenete che ciò che dico sia inutile, non dovete fare altro che cancellare questo messaggio; tuttavia, commettereste il più grave errore possibile se lo faceste senza continuare a leggere.

La maggior parte dei cosiddetti guru vuole che li paghiate in anticipo per imparare qualcosa senza sapere se ciò che dicono è vero o se riuscirete a guadagnare usando le informazioni che vi forniscono.

Vorrei avere un centesimo per ogni sito web o e-mail con il titolo "Puoi guadagnare 30.000 dollari in 15 giorni", come se un principiante potesse farlo. Sì, i maiali che corrono abbastanza velocemente possono imparare a volare.

Chi gestisce con successo la propria attività su Internet da un anno o due e ha venduto centinaia o migliaia di prodotti identici ai propri consumatori affezionati può guadagnare quei soldi e a volte molto di più. Tuttavia, se siete alle prime armi, vi limitate a desiderare.

Ma basta con questo; passiamo a come e perché dovreste iniziare a farlo. Perché persone che non sono più intelligenti di voi dovrebbero guadagnare dieci volte o più soldi al giorno rispetto a voi, mentre voi lavorate fino alla morte prematura per quattro o sei settimane o più, è una domanda a cui posso rispondere facilmente.

È una realtà che alcuni studenti che non avevano voti significativi a scuola sono oggi multimilionari, mentre quelli che eccellevano spazzano le strade per le noccioline. La ricchezza non è più associata all'intelligenza, al cervello o all'essere sovrumani. Utilizzando il potere di Internet, le persone comuni spesso guadagnano milioni e godono di uno stile di vita sontuoso con molto tempo libero ogni giorno.

Molte persone credono che avere più soldi sia un male o un errore, ma non capiscono perché tutti dovrebbero cercare di accumulare una ricchezza consistente. Chi è ricco può sostenere molte cause meritevoli e chi ha più bisogno. Tuttavia, se si è poveri, non si può aiutare nemmeno se stessi.

Sono stato povero in passato e l'ho odiato, quindi ora sto cercando di diventare ricco, in modo da poter aiutare gli altri invece di spendere tutti i miei soldi in ville, veicoli, vacanze, gioielli e orologi costosi. Avere una grande quantità di denaro libero mi farebbe sentire in colpa se non facessi anche delle donazioni per aiutare gli altri in difficoltà.

Di conseguenza, l'85% di coloro che vincono milioni alla lotteria nazionale nel Regno Unito spendono tutti i soldi nel giro di pochi anni e finiscono più poveri di prima. Sprecano tutti i loro soldi in piaceri che non possono permettersi, senza investire in nulla che possa garantire un flusso costante di reddito.

Quando ricevono la ricchezza, ricevono molti consigli utili, ma sono avidi e si rifiutano di ascoltare. D'altro canto, le persone che diventano ricche grazie alle loro attività rimangono quasi sempre tali perché, dopo aver imparato a creare denaro, sono motivate a guadagnare di più per mantenere la loro fortuna.

Anche se la loro attività fallisce in tempi difficili, spesso si rilanciano e tornano a essere ricchi perché sanno cosa fare e imparano dalle loro esperienze.

Quindi, iniziamo a diventare imprenditori e a liberarci dalle catene della dipendenza dal salario che vi hanno impedito di raggiungere il vostro diritto di nascita, un tenore di vita equo.

Qual è la strategia passo dopo passo che stiamo adottando? Ve lo dico subito.

PASSO 1.

Determinate cosa vi interessa di più fare o lavorare, poiché è più probabile che fare qualcosa che vi piace vi motivi a lavorare rispetto a un lavoro che fate solo per i soldi.

Verificate se molte persone sono alla ricerca di informazioni o di una soluzione a un problema simile alla vostra passione o competenza.

Siete in grado di individuare e fornire loro ciò di cui hanno bisogno?

Quanti altri siti web svolgono già questa funzione e voi potete svolgerla meglio?

I ricercatori sono disposti a pagare per ottenere le risposte; se altri siti web sono in concorrenza, deve esserci l'opportunità di generare entrate.

Se ci sono troppi siti web, può essere preferibile trovare un altro mercato affamato e desideroso di essere servito o diventare un affiliato del sito più venduto, se ha una pagina di iscrizione per gli affiliati.

Una volta individuata una piccola quantità di concorrenza, determinate quante persone cercano quelle informazioni online ogni mese.

Dovete individuare una nicchia di mercato in cui pochi forniscono informazioni o non le forniscono in modo adeguato.

Supponiamo che vi piaccia giocare a golf. Se digitate "golf" su Google, riceverete più di un milione di risultati inutilizzabili perché centinaia di siti web vendono attrezzature da golf, promuovono corsi di golf e offrono lezioni di golf. Pertanto, per aumentare le vostre possibilità di guadagno, dovete trovare un segmento di mercato con una concorrenza significativamente inferiore.

Se cercate di "aggiustare la vostra fetta di golf", i vostri numeri cominceranno a migliorare, ma dovete dedicare molto tempo a questa ricerca essenziale; altrimenti, non riuscirete a smettere presto di lavorare.

Una nicchia è un segmento di mercato altamente specializzato; se vi specializzate, avrete molte più possibilità di lanciare la vostra prima impresa. Una volta individuato un probabile gruppo di persone che cercano risposte ma hanno difficoltà a trovarle, potete fornire loro ciò di cui hanno bisogno conducendo altre ricerche su Internet.

Su Click Bank ci sono molte categorie in cui è possibile scoprire cosa acquistano gli altri. Anche Amazon ed eBay sono fonti eccellenti. Non dimenticate di determinare il numero di ricerche su Google utilizzando termini chiave. L'elenco delle frasi relative al golf comprende "libri sul golf, golf, come giocare a golf, come giocare come un professionista", ecc.

Dopo aver deciso su cosa basare la vostra prima attività, trovate qualcuno che abbia un link di affiliazione sul suo sito web, iscrivetevi e sviluppate il vostro sito web con una sintesi dei vantaggi del prodotto, che dovreste acquistare e utilizzare voi stessi. Poi potete scrivere un libro in cui descrivete come la vostra vita sia notevolmente migliorata dopo l'acquisto del prodotto.

Rendetelo il più allettante possibile, in modo che chiunque lo legga lo voglia, ma solo se ciò che dite è vero. Se cercate di fingere, se ne accorgeranno e non guadagnerete nulla, quindi concentratevi sui vantaggi piuttosto che sulle caratteristiche e acquistate solo ciò di cui avete veramente bisogno.

Il cambio automatico a sei velocità di un veicolo è irrilevante. È utile informarli che i cambi di marcia sono così fluidi che quasi non si notano. Nessuno si entusiasma per i sedili in pelle, ma è un vantaggio se dite di aver percorso 350 miglia e di essere arrivati profumati come una margherita.

Sono i vantaggi, non le caratteristiche, a motivare i consumatori ad accettare le vostre offerte. È un caso di "cosa ci guadagno", poiché a nessuno importa se avete bisogno di soldi se non crede che la sua vita migliorerà.

Pertanto, che cosa vogliono oggi le persone che voi potete fornire e per le quali sono disposte a spendere denaro? Considerate cosa renderebbe la vostra vita significativamente migliore. Esiste un modo per guadagnare molto di più senza lavorare a lungo?

Molte persone vanno a caccia di risposte in questo campo, ma la maggior parte di esse alla fine viene ingannata troppe volte o si scoraggia quando si rende conto che, almeno all'inizio, sarebbe necessario un duro lavoro.

Coloro che cercano soluzioni semplici, grandi somme di denaro e poco o nessuno sforzo, cadranno costantemente nei sistemi di "arricchimento rapido" e diventeranno sempre più poveri. La realtà è che non esistono scorciatoie facili per raggiungere la ricchezza e solo coloro che si aspettano che tutto venga loro consegnato cadono ancora in questi schemi. Pertanto, quanto siete disposti a lavorare durante le vostre sei ore di tempo libero a casa ogni settimana?

Un po' di impegno ora trasformerà la vostra vita da ordinaria a straordinaria; non ne vale la pena? Siete disposti a farlo o vi accontentate di continuare a fare ciò che non è riuscito a darvi la vita che desiderate? Avete una scelta, scegliete quella giusta o vi chiederete sempre: e se?

CAPITOLO 3: CRESCITA DELLE VENDITE DURANTE LA RECESSIONE.

Ogni circostanza ha sempre un aspetto positivo. Pur riconoscendo che una recessione può influire sulla vostra azienda, non ne determina il risultato. Siete voi a controllarlo, ma pochi imprenditori sanno come farlo. Una volta che questa consapevolezza è radicata nel vostro essere e nel vostro operare, l'aumento delle vendite durante una recessione diventa più probabile; diventa un modello che trascende il boom e la crisi!

A mio avviso, una recessione enfatizza e amplifica le inefficienze e le cattive pratiche di un'azienda a cui è stato permesso di sopravvivere in un mercato in ascesa.

Nei periodi di congiuntura favorevole, la maggior parte delle aziende si accontenta di un rendimento soddisfacente del capitale investito, e pochi riconoscono che potrebbero realizzare vendite significativamente più elevate se si rendessero conto che le dinamiche interne della loro attività non sono precise.

Inoltre, i periodi di congiuntura favorevole tendono a promuovere la "pigrizia" negli affari, quando c'è poca motivazione a imparare, a spingere i limiti della crescita delle vendite o a valutare criticamente sistemi/azioni che fanno poco per aumentare le vendite.

I periodi di recessione tendono anche a mettere in luce l'assenza di idee e soluzioni di molti dei nostri cosiddetti "leader" aziendali. I leader e gli innovatori sono coloro che fanno da pionieri e si spingono continuamente oltre i confini dei rispettivi settori. Purtroppo, i veri leader e innovatori sono così pochi.

Si comportano in questo modo, nella buona e nella cattiva sorte, perché sono quello che sono. Sono sempre alla ricerca di modi per aumentare le vendite. Riconoscono che lo stato attuale della loro attività è il risultato diretto di azioni e decisioni prese in passato. Se il risultato non è soddisfacente, cambiano le loro decisioni e attività per generare risultati favorevoli.

I leader e gli innovatori rappresentano una porzione molto piccola del mondo degli affari. Di conseguenza, possono continuare a generare una crescita delle vendite. Tuttavia, non è difficile scoprirli in qualsiasi mercato: le loro imprese sono quelle poche che appaiono sempre attive, hanno sempre clienti e sono tipicamente riconosciute come leader di mercato nel loro settore. Come detto, però, si tratta di una manciata selezionata.

Perché è così?

Cosa sanno o fanno di particolare?

La spiegazione diretta è che i proprietari di queste imprese prospere non pensano e non agiscono come la maggior parte degli altri proprietari. Queste persone sono coinvolte in tutti gli aspetti della loro azienda. Hanno aspettative estremamente elevate nei confronti di se stessi, dei propri dipendenti e della propria azienda.

Queste aziende redditizie non sono frutto del caso. Fanno delle distinzioni che la maggioranza non fa. È semplice guardare lo stesso elemento da una nuova prospettiva.

La tecnica più efficace per farvi capire è quella di porvi le seguenti domande:

1. Avete una conoscenza approfondita dei vostri prodotti/servizi?
2. Siete consapevoli dei punti di forza della vostra azienda?
3. Siete consapevoli che l'1% delle vostre azioni può fornire il 98% delle vostre entrate?
4. Siete consapevoli che la perdita di clienti può tradursi in un aumento dei profitti?
5. Siete certi che la vostra azienda sia la più grande del mercato locale?
6. Avete una conoscenza approfondita del mercato locale?

7. Cercate attivamente il cambiamento?
8. Siete consapevoli della grande distinzione tra proprietari di aziende e imprenditori?
9. Conoscete la vostra attuale situazione finanziaria?
10. Vi rendete conto che la concorrenza non esiste?
11. Siete consapevoli che tutte le risposte a tutte le domande possono essere trovate all'interno della vostra organizzazione?

Risposte positive e tempestive a queste domande identificano aziende all'avanguardia. Scelgono aziende con una missione e una base solida che punta all'espansione.

Se avete risposto "no" a una qualsiasi di queste domande, significa che la vostra azienda non è "ancorata" a una base stabile e che probabilmente viene trasportata dai venti della recessione. La buona notizia è che la vostra azienda ha il massimo potenziale per una crescita rapida e robusta delle vendite, ANCHE IN QUESTO CLIMA ECONOMICO!

Esaminiamo la prima domanda in modo più dettagliato.

Il primo passo per chi lavora nel settore dei bar è quello di esaminare gli anelli della catena di fornitura di ogni prodotto e raccogliere le informazioni più aggiornate e precise su quali prodotti/fornitori offrono assoluta coerenza e la migliore qualità.

Non appena si verifica un calo delle vendite, i proprietari reagiscono immediatamente tagliando tutte le spese operative. Sebbene il tentativo di ridurre le spese operative sia lodevole, farlo a spese della consistenza e della qualità dei prodotti avrà un impatto diretto e negativo sulle vendite.

Inoltre, alcuni prodotti necessitano di una maggiore esperienza nella lavorazione per garantire una totale uniformità e la migliore qualità. Una volta che un prodotto, come il caffè, è stato compromesso in base al prezzo, la sua consistenza e la sua qualità sono in genere ulteriormente diminuite durante la lavorazione.

Perché è così?

Il più delle volte c'è una correlazione diretta tra le organizzazioni che danno priorità alla riduzione dei costi e la mancanza di formazione dei dipendenti. Quando un barista non ha le competenze e le abilità necessarie per preparare i chicchi di caffè con assoluta coerenza e con la massima qualità possibile, il cliente finale riceve un prodotto inferiore alla norma, senza alcuna differenziazione sul mercato locale.

Ho visto molte aziende generare inavvertitamente un punto di differenziazione con il loro caffè incoerente e di qualità inferiore.

Come già detto, la prima linea è solo un anello della catena di fornitura del caffè. Se un anello manca di coerenza totale e della massima qualità possibile, la capacità di un'azienda di aumentare le vendite in modo rapido e veloce diminuisce notevolmente.

Competenze superiori, analisi comparative continue e una dedizione impareggiabile alla qualità possono inizialmente "costare" a un'azienda, ma il ritorno sulla crescita delle vendite è a dir poco notevole. Un tasso di crescita dal 100 al 1.000% all'anno potrebbe suscitare il vostro interesse?

Per questo tipo di miglioramento delle prestazioni, preferirei riferirmi a questo "costo" iniziale come a un "investimento a leva". Avendo lavorato con oltre un migliaio di imprese basate sul caffè, questa semplice strategia si è ripetutamente dimostrata efficace. Questa semplice strategia si è ripetutamente dimostrata efficace.

Ho scoperto che il più grande ostacolo allo spostamento dell'accento è la difficoltà dei proprietari di aziende ad accettare che investire un po' di più per ottenere prodotti di altissima qualità sul mercato (piuttosto che tagliare) possa aumentare significativamente le vendite. In poche parole, non credono che i tassi di crescita che ho citato siano possibili.

Le vecchie abitudini sono dure a morire. Se fossi abituato a rendimenti medi per alcuni anni e osservassi che altre aziende intorno a me realizzano lo stesso risultato, considererei i rendimenti medi come la norma.

La realtà è che un'azienda non può MAI risparmiare per raggiungere il successo; piuttosto, deve VENDERE per raggiungere il successo, e il modo migliore per farlo è offrire ai clienti un prodotto migliore a un prezzo ragionevole. Avete notato che non è necessario che i vostri prodotti siano economici?

Essere il prodotto più economico della città attira clienti a basso costo, aumentando il carico di lavoro del personale per un ritorno minimo. L'aggiunta di un valore per il denaro attira coloro che sono disposti a pagarlo e aumenta il vostro rendimento.

Ciononostante, non è sufficiente dare per scontato che i prodotti più costosi sul mercato abbiano la massima qualità. Un mix di elementi rende un prodotto superiore a un altro per la vostra azienda. Fattori che includono:

- Il livello di maturità del mercato, cioè il grado di sofisticazione dei gusti dei consumatori per il prodotto in questione.
- L'analisi comparativa viene condotta in modo oggettivo e attraverso un focus group; non viene mai condotta in modo soggettivo.
- Il livello di abilità, competenza ed esperienza del produttore.
- La qualità delle prime materie prime, spesso note come origini o antecedenti.
- Forse la cosa più importante è che quale prodotto soddisfa l'obiettivo strategico generale dell'impresa (presumo che nella maggior parte dei casi sia la crescita dei ricavi, ma non è sempre stato così.)

Come si può vedere, sono necessari molto più lavoro e riflessione di quanto la maggior parte degli imprenditori immagini o osi perseguire. Indipendentemente dalla recessione, una crescita rapida e accelerata delle vendite è la ricompensa per chi segue e approfondisce i dettagli di ogni domanda allo stesso livello della prima.

È possibile rendere la propria attività resistente a QUALSIASI variabile esterna attraverso la concentrazione e la diligenza. Ciò include le condizioni economiche e le tendenze di acquisto dei consumatori. Le domande precedenti forniscono le informazioni necessarie per sviluppare la vostra azienda in questa direzione.

Gli operatori di alto livello sanno che lo stato interno delle loro aziende determina i risultati di vendita e la redditività complessiva della loro attività. Per iniziare a portare la vostra azienda verso questo stato "finale", è essenziale acquisire informazioni all'avanguardia e implementarle all'interno della vostra organizzazione. Solo le conoscenze, i sistemi e le attività che aumentano rapidamente le vendite dovrebbero essere approvati. Tutto il resto è tempo e fatica sprecati.

Inoltre, è fondamentale non convincersi mai che le proprie conoscenze siano sufficienti. Nessuno lo sa mai, e capirlo assicura che voi e la vostra organizzazione continuerete a cercare nuove opportunità e a progredire positivamente nonostante le condizioni di mercato siano in continuo mutamento.

Ironia della sorte, è semplice da comprendere ma impegnativo da attuare. Più voi e i vostri dipendenti imparerete, organizzerete e utilizzerete queste conoscenze, più le vostre vendite aumenteranno. Questo è il motivo per cui ci sono così poche imprese al top.

Tutte le altre soffrono in modo sproporzionato durante le recessioni. Spero di avervi spinto a riflettere sul funzionamento della vostra azienda. In questa situazione economica, nient'altro che un aumento delle vendite dimostrerà che state attuando alcuni dei suggerimenti di cui sopra.

CAPITOLO 4: MARKETING DURANTE LA RECESSIONE ECONOMICA.

Il fatto che si verifichi o meno una recessione è ancora oggetto di discussione. Tuttavia, per molte aziende si pone una questione delicata. Dovete mantenere le spese di marketing o rimandarle a quando l'economia migliorerà?

Lasciate che il vostro marchio si venda da solo.

Quando la stabilità dell'economia è messa in discussione, la prima reazione di molte aziende è quella di ridurre le attività di marketing in attesa del ritorno del mercato. Non c'è momento migliore per fare marketing che durante una recessione reale o percepita.

Durante la recessione economica del 1990-1991, John Vanderzee, ex responsabile della pubblicità per la divisione Ford di Ford Motor Company, ha dichiarato: "Chiunque si ritiri a causa della recessione ha la testa nascosta sotto la sabbia". Vanderzee ha poi osservato che investire nel marketing in un periodo di recessione è essenziale.

La recessione può essere vista come un'opportunità piuttosto che come una condanna a morte. I clienti valutano attentamente le loro alternative e continueranno a cercare prodotti e servizi di alta qualità e a prezzi accessibili, poiché sono sempre più attenti ai costi. Se il vostro prodotto o servizio è sinonimo di valore, siete già in anticipo sulla curva.

Inoltre, i vostri concorrenti potrebbero essere meno visibili, poiché molte aziende non riconoscono l'opportunità e riducono le spese di marketing. Di conseguenza, perdono opportunità di quote di mercato. Di conseguenza, le vostre attività di marketing in corso si distinguono e hanno maggiori probabilità di essere ascoltate perché c'è meno fermento sul mercato.

In un periodo di recessione, un marchio forte può dare enormi benefici, aumentando notevolmente il successo delle vostre attività di marketing. Supponiamo che il vostro marchio mostri valore al pubblico, sia ben gestito, stabilisca un legame emotivo con il vostro pubblico di riferimento e infonda fedeltà. In questo caso, è probabile che il vostro marchio abbia successo anche durante un'eventuale recessione.

La campagna Retirement Red Zone di Prudential ne è un esempio. Essa affronta le preoccupazioni dei consumatori in materia di pensionamento e rassicura il pubblico sulla possibilità di raggiungere i propri obiettivi pensionistici nonostante l'attuale clima economico.

Utilizzando pubblicità televisive, radiofoniche e cartacee, la campagna indirizza i consumatori al sito web di Prudential. I consumatori possono interagire con consulenti personali e accedere a diversi strumenti didattici, risorse e informazioni sui loro siti web.

Non temete se il vostro marchio non soddisfa gli standard sopra citati. Questo è un momento eccellente per aumentare la visibilità (spesso con meno concorrenza). Prendetevi il tempo necessario per perfezionare il vostro marchio e comunicare con il vostro pubblico per sottolinearne il valore.

Inoltre, potete avere un marchio noto ma un prodotto o un servizio di qualità superiore. Potete chiedervi se il vostro pubblico continuerà o meno a "concedersi" in tempi difficili. Se avete definito e rafforzato efficacemente il vostro marchio, i vostri clienti principali continueranno ad acquistare. Considerate Tiffany's come esempio.

Nonostante le recessioni economiche, Tiffany's continua a prosperare. Le persone continuano ad acquistare nonostante il prezzo, poiché la qualità e il fascino duraturo del marchio sono stati rafforzati. Il colore blu uovo di pettirosso della confezione è immediatamente identificabile, anche senza il nome del marchio. Comunica il marchio senza usare parole.

Quando si vede una busta o un pacchetto di Tiffany's si pensa alla speranza. Promessa. Qualcosa di valido e sofisticato Gli articoli di Tiffany's possono essere costosi, ma rappresentano la qualità ed evocano sensazioni forti e piacevoli nel loro mercato di riferimento.

Inoltre, esistono opzioni per rivitalizzare il vostro marchio. Sfruttate questa opportunità per rieducare i vostri dipendenti sull'importanza della fedeltà al marchio e su come questa aiuti a sostenere le vendite durante le crisi economiche.

È proprio questo il risultato ottenuto da Tylenol, che ha trasferito la sua devozione interna nel marketing esterno. L'azienda ha creato una campagna in cui i dipendenti promuovevano il marchio ed esprimevano la loro fedeltà all'organizzazione.

Inoltre, si può riorientare il proprio marchio per rivolgersi a un pubblico più ampio o nuovo. La campagna Dove per la bellezza reale affronta gli standard di bellezza impossibili e irragionevoli della società per le donne dichiarando: "Sei bella così come sei".

A sostegno di questa campagna, Dove ha incoraggiato tutte le donne a riconoscere la propria bellezza naturale. La campagna ha coinvolto il pubblico consentendogli, tra l'altro, di raccontare la propria storia, costruire le proprie campagne per la vera bellezza e partecipare a concorsi e blog. Di conseguenza, il pubblico ha contribuito alla promozione del marchio Dove.

Ricordate che l'economia alla fine si riprenderà. Un marketing coerente durante una recessione aiuta a mantenere lo slancio. Lascia un'impronta indelebile nella memoria del pubblico target, rendendolo più propenso a tornare in un clima economico più stabile. Chi abbandona o limita i propri sforzi di marketing durante una recessione ha molte più difficoltà a riprendersi una volta che l'economia si è ripresa.

Creare limonata dai limoni.

La vostra attuale strategia di marketing deve tenere conto delle recessioni economiche e non esiste una soluzione unica per tutti. Per trovare il metodo ottimale è necessario esaminare la brand equity della vostra azienda e il valore dei vostri prodotti/servizi. Tuttavia, ecco alcune strategie da considerare:

Ribadire le preoccupazioni del pubblico.

Quindi, dimostrate come il vostro prodotto o servizio possa alleviare le loro preoccupazioni. Prima di procedere all'acquisto, il pubblico cercherà di avere garanzie che il vostro prodotto o servizio offrirà grandi benefici e un buon valore. La Quaker Oats ha riprogettato il suo prodotto in risposta alla crisi economica dei primi anni '90, che l'ha afflitta con vendite disastrose.

Per prima cosa, hanno assunto come testimonial l'affidabile e nonno attore Wilford Brimley. Poi, sottolinearono che l'avena era una fonte di proteine a basso costo, con una ciotola che costava solo nove centesimi. Il risultato fu un aumento delle vendite.

Concentrarsi su una nicchia di mercato.

Determinate quale settore del vostro mercato target ha più bisogno dei vostri servizi. È più probabile che questi clienti siano ricettivi al vostro messaggio. Trovate il modo di fornire un valore aggiunto, ad esempio attraverso servizi aggiuntivi o estesi. In questo modo vi guadagnerete la loro attività e ispirerete fiducia e fedeltà grazie alla vostra capacità di adattamento in un ambiente commerciale difficile.

Sfruttare un mercato non sfruttato.

Lavoriamo ogni giorno su scala sempre più globale. Cercate mercati finora non toccati, soprattutto quelli dei Paesi stranieri. Man mano che nazioni come la Cina continuano ad affermarsi nell'economia globale, si verificheranno due cose: la spesa aumenterà e queste nazioni acquisteranno più beni e servizi occidentali. Sfruttate questa opportunità per ottenere un vantaggio competitivo.

Dimostrare ai clienti la propria indispensabilità.

Anche se si costruisce, non è detto che la gente venga. Le aziende devono dimostrare il loro valore ai clienti, soprattutto in un periodo di recessione.

Fornite solidi casi di studio, esempi di come i clienti del vostro target potrebbero beneficiare dei vostri servizi/prodotti e statistiche di successo dei clienti a sostegno della vostra proposta di valore. Un marchio rispettabile emana valore, favorendo così la fidelizzazione dei clienti.

Fare appello alle emozioni dei potenziali clienti.

Non è una coincidenza che le campagne di successo facciano appello alla fedeltà al marchio e alle emozioni dei clienti. Wendy's ammetteva che la recessione degli anni '90 era stata dura, ma che si poteva ancora mangiare bene nel suo ristorante. Gli hamburger erano cucinati su ordinazione con carne fresca macinata. L'abbondante e nutriente salad bar era un'opzione all-you-can-eat.

Durante quel periodo di difficoltà economiche, le vendite sono rimaste costanti. Pur essendo molto efficace, dovete assicurarvi che il vostro messaggio sia autentico, rifletta i valori e i comportamenti del vostro pubblico di riferimento e sia semplice da trasmettere.

Perché? Perché un messaggio altamente visivo e carico di emozioni ha maggiori probabilità di avere un effetto a catena quando i clienti diffondono la consapevolezza del marchio. In sostanza, i vostri clienti e potenziali clienti diventano un veicolo di marketing.

Colmare il divario di comunicazione. Negli affari, la tecnologia ha eclissato l'importanza dell'interazione umana. Per quanto la tecnologia possa essere avanzata, non può sostituire la forza dei legami umani. Utilizzate questa strategia per incontrare di persona i vostri clienti e lead qualificati.

Chiedete loro quali sono le loro preoccupazioni e gli ostacoli attuali e come potete aiutarli. L'ascolto attento e l'assistenza ai clienti per risolvere i loro problemi contribuiscono a mantenere lo slancio del mercato.

Considerate i vostri prodotti o servizi sotto una nuova luce. I vostri prodotti o servizi possono aver avuto successo in passato. Non potete affidarvi a una mentalità "sempre uguale" durante le crisi economiche. Riesaminate il vostro prodotto o servizio per individuare nuove applicazioni o vantaggi per il cliente.

Durante la recessione del 1990-1991, Kraft Foods ha promosso la sua salsa per bistecche A-1 come condimento eccellente per gli hamburger oltre che per la bistecca di controfiletto. In quel periodo, i consumatori erano meno propensi a consumare filet mignon e più propensi a ingerire carne di manzo macinata. Si trattò quindi di una decisione saggia.

Spendere in articoli e servizi che prosperano in un periodo di recessione. Durante la stessa recessione economica, la Dow Chemical Company spostò il suo budget di marketing dal detergente Glass Plus ai sacchetti per congelatore Ziploc, una linea di prodotti allora nuova. L'azienda sottolineò la capacità di questi sacchetti di mantenere la freschezza degli avanzi. Anche in questo caso, una mossa intelligente, visto che un numero crescente di consumatori spendeva meno e sprecava meno.

La valutazione e l'implementazione di strategie di branding e marketing efficaci possono aiutarvi a mantenere le entrate anche in tempi difficili. In realtà, nonostante le fosche previsioni, potete espandere il vostro marchio se lo costruite e lo pubblicizzate in modo appropriato.

I tempi di recessione richiedono azioni proattive.

In tempi difficili, è essenziale costruire un rapporto di fiducia con i clienti, comprendere i loro valori e le loro abitudini e rimanere visibili con un messaggio che risponda ai loro problemi. Se continuate a stabilire e gestire il valore di mercato del vostro marchio, la vostra azienda sarà in grado di resistere a qualsiasi crollo economico.

L'eventualità di una recessione può indurre molti individui ad agire in modo reattivo. Adottate invece un atteggiamento proattivo e scoprite le opportunità per la vostra azienda di capitalizzare questa situazione. In questo modo la vostra attività sarà più forte e, forse, con qualche nuovo consumatore.

CAPITOLO 5: STABILIRE LA PROPRIA IDENTITÀ DURANTE LA RECESSIONE.

La recessione economica mondiale ha portato alla scomparsa di molte delle più grandi aziende e organizzazioni del mondo, dalle compagnie aeree alle istituzioni finanziarie. Poiché lavorava per una di queste aziende o gruppi, è molto probabile che questo sia il motivo per cui il vostro vicino è di solito a casa ora.

L'ascesa dell'astuto uomo d'affari.

La realtà ci dice che la sicurezza del lavoro non esiste. I pignoramenti di case sono in aumento e i licenziamenti sono sempre più frequenti. Le persone perdono fiducia in se stesse più che nei loro capi. Anche le piccole imprese sono vulnerabili se i leader di mercato più importanti sono soggetti al crollo economico. È corretto?

Se questo è vero fino a un certo punto, un certo imprenditore intelligente emergerà durante questo periodo di vuoto, un periodo di incertezza finanziaria per individui, famiglie, imprese e organizzazioni. Durante questo periodo, molti individui intelligenti inizieranno a prosperare.

Si è sempre sostenuto che una recessione è un momento perfetto per avviare un'attività. In questo momento, le imprese che vendono prodotti e servizi di lusso iniziano a funzionare male, mentre quelle che vendono beni di prima necessità iniziano a funzionare bene. Credo che questo sia il momento perfetto per crearne una, anche se ciò può apparire sciocco e rischioso alla maggior parte delle persone.

Potete sfruttare il fatto che il vostro vicino sia disoccupato riconoscendo che migliaia di altri individui si trovano nella stessa situazione. Senza volerlo, potete creare la vostra attività fornendo un prodotto o un servizio di cui il mercato ha bisogno.

La maggior parte delle persone ritiene di non poter avviare un'attività in questo momento perché tutte le grandi aziende stanno fallendo, quindi presume e deduce che anche loro falliranno. Anche in questo caso, non esiste il concetto di "io non posso" o "noi non possiamo", perché siamo tutti umani e competenti. Chi avrebbe mai immaginato che uno di questi grandi operatori sarebbe crollato come Golia? Nessuno è presente.

È questa l'occasione per affermarsi come marchio.

Se volete lanciare la vostra attività e affermarvi come marchio, questo è il momento giusto per farlo. Se la maggior parte delle aziende è in perdita, non è detto che lo sia anche la vostra.

Avviate un'impresa che fornisca un prodotto o un servizio di cui le persone hanno già bisogno e di cui non possono fare a meno. Ricordate che i consumatori hanno ridotto le loro spese e cambiato le loro abitudini di spesa.

Spendiamo più denaro per i beni di cui abbiamo bisogno e che sono preziosi per noi. Se avviate un'attività vendendo un prodotto o un servizio che le persone non vogliono o non apprezzano, potete perdere denaro e fallire.

Invece di lamentarvi e preoccuparvi della recessione e di dirvi che non ci sono posti di lavoro, approfittate della crisi lanciando la vostra piccola impresa e facendovi notare come un imprenditore di successo che è salito alla ribalta nel corso della peggiore depressione economica dai tempi della Seconda Guerra Mondiale.

CAPITOLO 6: COME FAR CRESCERE LA PROPRIA ATTIVITÀ IN UN PERIODO DI RECESSIONE.

Nonostante il clima di malinconia, gli imprenditori più accorti si stanno preparando per un'eventuale ripresa economica. Mentre i clienti riducono i costi, i cicli di vendita si allungano e i ricavi diminuiscono, la tentazione di ridurre drasticamente le attività di marketing, vendita e assistenza clienti è enorme.

In ogni caso, il telefono può squillare meno, i clienti possono spendere meno ed è difficile assorbire le spese continue di marketing, vendite e assistenza clienti. È il momento di rimanere saldi e di espandersi.

Gli studi hanno ripetutamente dimostrato che le aziende che continuano o espandono il loro marketing e il loro servizio clienti durante una recessione conquistano quote di mercato e ne escono rafforzate alla fine della crisi.

Questo non significa che dobbiate spendere in modo sconsiderato. Tuttavia, ci sono tre aree critiche in cui dovreste spendere ora per spingere la vostra organizzazione al livello successivo durante la ripresa.

Nei periodi di difficoltà economica, il budget per il marketing è il primo a essere tagliato dalle aziende. In realtà, però, questa manovra non fa che aumentare il dolore. Tra qualche mese, il vostro successo futuro sarà determinato dalle risorse di marketing e pubblicità che assegnerete oggi. La domanda non scompare necessariamente durante una recessione, ma i cicli di vendita si allungano perché la gratificazione viene ritardata.

Mentre i vostri concorrenti riducono i loro budget, il mantenimento dei vostri aumenterà la vostra quota di voce nei media scelti e nella mente dei vostri clienti. Per superare il limite, cogliete l'opportunità di acquisire spazi pubblicitari di qualità superiore precedentemente detenuti dalla concorrenza o di sperimentare strategie di marketing che avevate in mente. A questo punto avrete probabilmente più tempo da dedicare a queste strategie.

1. Servizio clienti - Un altro metodo efficace per sfruttare la recessione è migliorare il servizio clienti. Potete anche fare meno affari, ma questo non fa che aumentare il valore di ogni cliente potenziale ed esistente. Consentire ai vostri clienti di navigare in un labirinto di opzioni a sfioramento o di salutarli con una casella vocale può farvi risparmiare nel breve termine, ma potrebbe costarvi nel lungo periodo.

2. Prendete in considerazione l'assunzione di un'azienda che offra una risposta telefonica dal vivo o, meglio ancora, servizi di receptionist locali e fuori sede, dove le chiamate vengono risposte dal vivo e i clienti vengono assistiti. Le chiamate possono essere annunciate in modo discreto e collegate a voi in tempo

reale. Alcune società di receptionist organizzano anche appuntamenti in loco.

3. Sistemi - In un periodo di recessione è necessario dare priorità ai sistemi di vendita e di assistenza clienti. È il momento di creare un sistema per assistere i consumatori di persona e al telefono.

Se state utilizzando un sistema di vendita e di assistenza clienti, potete valutarlo e migliorarlo. Infondere la fiducia dei consumatori fornendo loro un'esperienza coerente, raffinata e professionale quando contattano la vostra azienda.

I clienti sono più disposti a spendere i loro sudati soldi con la vostra azienda se hanno maggiore fiducia (soprattutto in periodi di difficoltà economica). Avere un atteggiamento sicuro di sé, quando pochi lo fanno, conferisce credibilità alla vostra azienda.

Quando l'economia migliora e la domanda repressa di beni e servizi si libera, gli investimenti nelle aree appropriate della vostra organizzazione possono produrre ritorni favorevoli.

CAPITOLO 7: COME SMETTERE DI PREOCCUPARSI E RIORIENTARE L'ATTENZIONE SULLA CRESCITA AZIENDALE!

Negli affari, come nella vita, dovete sapere che ottenete ciò su cui vi concentrate. Se vi concentrate su ciò che volete, lo riceverete; allo stesso modo, se vi concentrate su ciò che non desiderate, lo riceverete. Un mio cliente ha recentemente affermato con chiarezza: "La gente sta parlando da sola di recessione".

Probabilmente proverete ansia, stress, paura, ecc. se vi concentrate su qualcosa che non desiderate. Ricordate che la preoccupazione è il modo in cui la vostra mente vi ricorda di concentrarvi su ciò che desiderate.

Una profezia auto-realizzativa.

Troppe persone sono così preoccupate di ciò che non vogliono e che desiderano evitare che non riescono a riconoscere ciò che possono avere e le opportunità che esistono nel presente.

Quante volte vi capita di considerare lo scenario peggiore o quello che potrebbe andare storto e, quando si verifica, di dire: "Sapevo che sarebbe successo"? È diventata una profezia che si autoavvera perché è stato scientificamente dimostrato che la mente non è in grado di distinguere tra immagini vivide e realtà. Su scala più ampia, lo stesso vale per l'economia.

Ho visto previsioni economiche diventare profezie che si autoavverano. Quando un numero sufficiente di consumatori e aziende accetta le previsioni economiche e modifica il proprio comportamento di conseguenza, le previsioni si realizzano.

I consumatori e le aziende modificano le loro decisioni di acquisto e di investimento in base al loro livello di ottimismo futuro. Quando le aspettative economiche pessimistiche sono prevalenti, il comportamento dei consumatori e delle imprese si modifica di conseguenza e la spesa e gli investimenti diminuiscono. Al contrario, quando le previsioni di boom abbondano, la fiducia, la spesa e gli investimenti si impennano e noi, come società, generiamo periodi di boom.

Di recente ho avuto numerosi incontri unici nei punti vendita. Anche in occasione di incontri di networking, ho assistito a un discorso cinico da parte di alcuni imprenditori quando venivano interrogati sulla loro azienda. Ho osservato come la visione pessimistica del personale influisse sul loro comportamento e sulla qualità del servizio ai clienti.

A causa della loro preoccupazione per il futuro, perdono completamente la possibilità di stringere rapporti con altre aziende e di creare opportunità di referral e di promozione incrociata. Si sta generando una profezia che si autoavvera: chi vuole fare affari con o fare riferimento a persone negative?

Il simile attrae il simile. Per attirare persone e opportunità positive, dovete innanzitutto emanare positività. Prestate quindi particolare attenzione all'atteggiamento vostro e del vostro team in questo momento. Se siete leader di un team, mantenete un atteggiamento concentrato (e incoraggiate i vostri collaboratori a fare lo stesso), in modo che i loro livelli di servizio ai clienti esistenti e nuovi rimangano elevati.

Questo è oggi più che mai fondamentale per distinguersi dalla concorrenza. Con una visione positiva, sarete in grado di vedere e cogliere meglio le opportunità che si presentano. Quale profezia che si autoavvera vorreste che la vostra azienda creasse?

Riprendere il controllo.

Concentrarsi su ciò che si può influenzare è il metodo migliore per riprendere il controllo della propria attività e degli eventi che si verificano intorno a noi. Potete controllare i vostri pensieri, i vostri sentimenti e le vostre azioni (compreso il modo in cui reagite alle situazioni e alle persone).

Concentrarsi sugli altri, sugli eventi o sulle circostanze che sfuggono al vostro controllo può portare alla frustrazione. Quando ci si concentra su ciò che è sotto il proprio controllo, ci si sente più felici e più capaci di capitalizzare le occasioni.

Ecco un approccio solido che vi aiuterà a concentrarvi sui vostri obiettivi e ad agire:

1. Considerate un evento imminente su cui siete incerti o ansiosi, come una presentazione, una promozione, una riunione, ecc.
2. Chiarite il risultato desiderato per l'evento.
3. Immaginatevi uno schermo cinematografico davanti a voi e immaginatevi come un attore o un'attrice nel film che rappresenta l'evento futuro.
4. Mentre guardate il film, immaginate che la situazione si svolga esattamente come vorreste, sentendo le discussioni che vorreste sentire e provando le emozioni che vorreste provare.

5. Osservate come vi sentite meglio in questa occasione e come la prevedete.

Gli imprenditori e gli atleti di grande successo visualizzano una buona riunione o una partita utilizzando questa strategia. Secondo una ricerca, gli atleti che visualizzano le prove e il successo di una partita hanno lo stesso rendimento, il giorno della partita, degli atleti che hanno provato e si sono allenati fisicamente prima della partita.

Immaginate come vi sentireste se prendeste in mano la vostra vita e vi concentraste su ciò che potete controllare, nonché l'impatto che questo avrebbe sulla crescita e sul successo della vostra attività!

CAPITOLO 8: ESSERE ATTIVI PIUTTOSTO CHE PROATTIVI.

La maggior parte delle aziende sta esaminando le proprie spese durante l'attuale crisi economica, ma non è disposta a rivalutare la propria condizione finanziaria complessiva. Invece di modificare le loro attività o il loro raggio d'azione, tagliano i costi, licenziano i dipendenti - in genere a partire dalle vendite - e nascondono la testa sotto la sabbia finché non vedono segni di ripresa.

Questo è un approccio, ma potrebbe non essere il più efficace. Per coloro che sono ricettivi a prospettive alternative, ecco un altro modo di vedere l'attuale situazione:

Concentrarsi inizialmente sul servizio clienti.

Chiamate i vostri consumatori e parlate della loro situazione specifica. Chiedete in che modo la crisi economica influirà sulla loro attività, come se si trattasse dell'elefante di 600 chili nel vostro salotto. Chiedete loro come potete aiutarli a espandere la loro attività nonostante la recessione. Chiedete loro quale sia il cliente dei loro sogni e come possiate facilitarne la presentazione.

Quando l'economia è in difficoltà, i vostri consumatori sono la vostra più grande risorsa. Assicuratevi di prendervi cura di loro o che possano cercare lavoro altrove quando l'economia cambierà.

Prevedere le loro esigenze.

In un periodo di rallentamento dell'attività, potreste offrire corsi di formazione gratuiti su Word, Outlook ed Excel al personale dei vostri clienti. Dedicare un'ora alla pianificazione di un webinar per i vostri clienti può dimostrare il vostro impegno e la vostra sensibilità nei confronti delle loro esigenze.

Evitare di prendere decisioni basate sulla paura.

È accettabile ridimensionarsi, ma non bisogna farlo per paura. Qualsiasi decisione presa in modo reattivo e per paura spesso non produce un risultato ottimale.

Storicamente, il maggior numero di milionari è stato creato negli anni '30 in seguito alla crisi del mercato azionario. Perché?

La possibilità è in vendita.

Questo è il momento ideale per variare il vostro prodotto. Se non avete mai fornito servizi di backup ai vostri utenti finali, questa potrebbe essere un'ottima occasione per iniziare a sviluppare una strategia di marketing.

La maggior parte delle persone con cui collaborate sa che l'economia si riprenderà. Inoltre, è probabile che siano molto interessati a risolvere le loro inefficienze, il che rende questo il momento ideale per parlare con loro di come migliorare la loro efficienza IT.

Quali sono le vostre preoccupazioni principali?

Non cercate scuse. Sia la mancanza di tempo che la mancanza di fondi sono solo scuse.

Il matrimonio del vostro migliore amico si avvicina. Il matrimonio si terrà su una spiaggia privata alle Hawaii. Il vostro ricco amico vi fornirà un biglietto aereo di andata e ritorno e una sistemazione in spiaggia. Inoltre, tutti i cibi e le bevande sono gratuiti; l'unica cosa da fare è salire a bordo dell'aereo. C'è un solo volo che parte per le Hawaii alle 5:30 del mattino.

Se si perde il volo, non si può partecipare al matrimonio. Inoltre, per l'imbarco sull'aereo si incassano 10.000 dollari. Non c'è alcuna possibilità che perdiate quel volo, a meno che non abbiate deciso di non partecipare al matrimonio.

Qual è la motivazione principale che vi spinge a intraprendere un'attività commerciale? Siete regolarmente impegnati nelle attività di espansione commerciale più redditizie?

La maggior parte delle persone trova il tempo per perseguire i propri interessi. Se costruire la vostra azienda non è più la vostra passione e il vostro valore, dovreste lasciare il settore. La vostra azienda è solida solo quanto il suo anello più debole.

Qual è il vostro bene più prezioso?

Dovete valutare perché la vostra risorsa numero uno non sono i clienti.

I contatti che avete coltivato sono la vostra fonte di reddito e la vostra intelligenza del mercato. La maggior parte degli imprenditori ha un buon rendimento all'inizio della propria attività, ma perde il contatto una volta raggiunto il successo. Si tratta di una tendenza generale che osservo in tutti i settori, ma che può essere esacerbata nel settore IT a causa dell'aspetto di adempimento della fornitura di servizi.

State mantenendo la comunicazione con i vostri clienti?

Quando l'economia inizia a ristagnare, per le aziende è molto più difficile creare una rete di contatti con nuovi clienti e iniziano a credere che creare nuove aziende sia impossibile.

Nonostante ciò, la maggior parte delle aziende scopre che un approccio coerente rende più facile l'acquisizione di nuovi clienti. Scegliete un'attività per la quale programmare il tempo ogni giorno o settimana. Ad esempio, è possibile effettuare un determinato numero di telefonate giornaliere ai clienti attuali o programmare un caffè o un pranzo con i colleghi.

Migliorare le proprie capacità di marketing e di vendita.

Nella storia della nostra economia, le cose spesso si deteriorano prima di migliorare. Tuttavia, di solito migliorano. È essenziale lavorare sodo oggi, in modo che quando le cose miglioreranno, potrete raccogliere i frutti dei vostri sforzi. L'uso perfetto delle vostre energie e del vostro tempo è quello di migliorare le vostre capacità di marketing e di vendita.

La maggior parte dei titolari di aziende IT concorda sul fatto che non sono bravi nelle vendite, e quelli che dicono di esserlo non sono poi così bravi. La maggior parte di noi venditori deve affrontare una costante battaglia in salita per migliorare ed evitare di commettere i tipici errori.

Diciamo che ogni mese imparate un nuovo approccio che vi aiuta a concludere un nuovo affare. Si tratta di dodici vendite recenti all'anno che non avreste ottenuto se non aveste investito nella formazione alle vendite. Anche se chiudete solo sei nuovi contratti all'anno, è evidente che questo investimento genererà un ritorno immediato.

A lungo termine, le organizzazioni che fanno bene il marketing ora avranno più successo.

Secondo la maggior parte degli specialisti di marketing, sono necessari da 17 a 29 tocchi prima che un consumatore sia pronto ad acquistare. Il momento ottimale per avviare un piano di marketing è stato sei mesi fa; il secondo momento migliore è adesso.

L'utilizzo di tocchi mirati, a basso costo e ad alto volume è il metodo più efficace per costruire una nuova base di clienti. Poiché sempre più persone fanno ricerche online, il vostro sito web diventerà lo strumento più efficace per acquisire nuovi clienti.

Concentrate la vostra formazione sulla creazione di rispositori automatici, sulla valutazione delle analisi web e sulle tattiche di marketing automatizzato che rendono semplice per i potenziali clienti impegnarsi con i vostri prodotti e servizi.

CAPITOLO 9: STRATEGIE PER LA STABILIZZAZIONE DELLE IMPRESE DURANTE UNA RECESSIONE.

La mia amica Roseline mi ha chiamato ieri per chiedermi un parere su ciò che il suo commercialista le aveva appena detto. Roseline era stata incaricata di elaborare un "piano di sopravvivenza" per il suo studio. Si è rifiutata di farlo e ha chiesto la mia cautela e il mio parere.

Roseline non era soddisfatta. Oltre a ridurre le spese, il suo commercialista le ha consigliato di prendere in considerazione il licenziamento di uno o due dipendenti, l'eliminazione dei giorni di malattia e dei giorni personali e la riduzione dei salari di tutti.

È consapevole che molti proprietari di piccole imprese stanno ricevendo questo consiglio. Tuttavia, era curiosa di sapere se questo fosse il suggerimento migliore. Esiste una guida alternativa da prendere in considerazione?

Le recessioni sono tipicamente difficili. Attualmente, le avversità prevalgono. Tuttavia, il fatto che ci si trovi in una fase di recessione non autorizza a intraprendere azioni drastiche o a prendere decisioni aziendali stupide. No, questo è il momento di valutare attentamente le misure necessarie per stabilizzare la vostra azienda senza ostacolarne la crescita.

Prima di prendere qualsiasi decisione sul "piano di sopravvivenza", dovete valutare queste dieci strategie per la vostra azienda.

Dieci strategie per stabilizzare l'azienda durante la recessione.

1. Non riducete i prezzi.

Quando l'economia rallenta, ridurre i prezzi è la cosa peggiore da fare per una piccola startup. Molti piccoli imprenditori si preoccupano e abbassano i prezzi. Una volta ridotte le tariffe, diventa più difficile aumentarle in futuro. Le economie fluttuano. Mantenere i prezzi invariati.

2. Evitare di praticare sconti elevati.

Se normalmente offrite uno sconto del 10% ai clienti abituali e improvvisamente offrite uno sconto del 20%, i vostri consumatori penseranno di poter contrattare le tariffe perché sanno che potete e volete abbassarle. Non potete tornare indietro nel tempo. Non desiderate che questo accada. Mantenete il vostro percorso. Mantenete lo sconto esistente.

3. Pensare in piccolo e vendere in grande.

Invece di tagliare i prezzi, i piccoli imprenditori inventivi stanno riconfezionando i loro prodotti e servizi per presentare ai clienti prezzi più bassi. Si tratta di una decisione saggia. Invece di ridurre il costo dei vostri prodotti e servizi, rendeteli più accessibili mettendoli in contenitori più piccoli e accattivanti.

4. Offrire altre alternative di pagamento.

Considerate la possibilità di offrire scelte di pagamento alternative. Alcuni piccoli imprenditori trarranno beneficio dalla promozione dei loro prodotti o servizi con un piano di pagamento dilazionato, ma questa strategia non è adatta a tutti. Anche in questo caso, evitate di ridurre il prezzo.

5. Migliorare la propria reputazione.

Non c'è momento migliore di questo per coltivare la vostra reputazione. È il momento di diventare un'autorità conosciuta nella vostra professione pubblicando un libro, ospitando un programma radiofonico settimanale o parlando a eventi del settore, se non lo siete già.

Diventare un esperto aumenterà le vostre entrate, vi permetterà di far pagare di più i vostri servizi e incoraggerà più persone ad acquistare da voi.

6. Prendete in mano i vostri pensieri.

La prima fase consiste nel riconoscere ciò su cui si ha o non si ha il controllo. Sebbene non possiate influenzare l'economia degli Stati Uniti, avete il controllo sul livello di rischio e di esposizione della vostra organizzazione all'economia. Soprattutto nei momenti difficili, dovete esercitare un controllo mentale.

Scegliete la strategia aziendale che adotterete in base a ciò che potete influenzare.

7. Impiegare uno stato d'animo ragionevole.

Questo è un periodo di incertezza e preoccupazione per molti individui. Ciò non significa, tuttavia, che dobbiate iniziare a prendere decisioni emotive e irrazionali. Se avete avuto una piccola impresa per un certo periodo di tempo, sapete bene che un approccio emotivo e irrazionale non vi ha portato dove siete oggi e non vi porterà alla meta di domani.

8. Adottare una prospettiva ragionevole.

Prima di fare ogni scelta aziendale importante, chiedetevi: "Sto facendo una conclusione razionale o emotiva?". Ignorate quello che fanno gli altri. Considerate la redditività a lungo termine della vostra azienda per determinare quali costi eliminare.

9. Sviluppare un occhio per le opportunità.

La chiave per sopravvivere a questa recessione e alle precedenti difficoltà economiche è sviluppare un occhio per le opportunità. Invece di ritirarvi, iniziate a cercare le opportunità. Ce ne sono ancora molte a disposizione. Alla fine, i milionari del 2012 saranno coloro che hanno riconosciuto le possibilità oggi e le hanno colte.

10. Adottare uno stile di Pensiero alternativo.

I media vorrebbero far credere che la crisi economica minacci tutti e tutto. Non è così. Per evolvere al di là delle circostanze attuali, è necessario vedere oltre.

Considerate il 94% della popolazione che ha un lavoro piuttosto che il 6% che è disoccupato. Il fatto che ci sia una recessione negli Stati Uniti non significa che anche voi dobbiate vivere una recessione mentale. Cambiate il vostro modo di pensare. Modificate la vostra produzione.

Concentratevi su ciò che desiderate espandere.

Avete le stesse ventiquattro ore di tutti gli altri. Cosa potete fare per espandere la vostra attività in quelle ore? Ciò su cui ci si concentra cresce. Su cosa potete concentrarvi per moltiplicare, espandere o ampliare la vostra attività? Cosa potete fare ora per far crescere la vostra attività in futuro?

Licenziare o non licenziare? Non è questo il problema. Non è la risposta giusta per ridurre le ore del personale, eliminare i giorni di malattia o ridurre il budget solo perché altri piccoli imprenditori lo stanno facendo.

Stiamo vivendo una recessione. Usciremo dalla recessione. Prima di fare qualsiasi "piano di sopravvivenza", prendete in considerazione queste dieci strategie per stabilizzare la vostra azienda, che non ostacoleranno il vostro successo futuro, ma lo miglioreranno.

CAPITOLO 10: COME LE GRANDI AZIENDE POSSONO PROSPERARE ANCHE IN TEMPI DIFFICILI.

"Recessione" è una delle parole inglesi più mal interpretate e dannose! Il suo facile utilizzo suscita potenti reazioni emotive da parte di clienti e aziende, che vanno dalla paura e dal pessimismo a un senso di fallimento assoluto.

Certo, l'attuale rallentamento economico potrebbe peggiorare prima di migliorare. Tuttavia, le recessioni non sono intrinsecamente negative o indesiderabili. Le recessioni sono periodi di "contrazione" che ci incoraggiano a essere più prudenti con le nostre finanze e le nostre spese, a eliminare gli sprechi e a preservare le risorse dove sono più necessarie. Si tratta dello yin e dello yang dei cicli economici.

Caution: Your Beliefs About the Recession Can Be Fatal to Your Enterprise.

La nostra economia e le nostre imprese sperimentano fasi di boom e di recessione. Molte persone, tra cui voi, si rattristano o si paralizzano di fronte alla parola "recessione" a causa del loro punto di vista sulla recessione e del significato che attribuiscono alla frase.

La recessione è solo un problema di prospettiva.

Denise corrotta.

A seconda di come percepite e reagite a una recessione, la vostra azienda potrà crescere con profitto o lottare per la sopravvivenza. Ecco i sette motivi principali per cui le grandi organizzazioni prosperano durante la recessione e i suggerimenti per fare altrettanto.

Anche in tempi di recessione, i sette motivi per cui le grandi aziende raggiungono i vertici sono discussi.

1. Le aziende di maggior successo trasformano i pericoli esterni in opportunità.

I giapponesi sono esperti nella gestione delle crisi e considerano eventi come le recessioni come opposti. Cioè, né eccellenti né terribili, ma una combinazione di entrambi. Il carattere giapponese per "crisi" rappresenta due simboli distinti: pericolo e opportunità. Questo atteggiamento favorisce la ricettività piuttosto che la reattività.

Pertanto, i giapponesi non si concentrano sul problema, ma su soluzioni innovative. Non sulla sopravvivenza ma sulla crescita. Non sulle perdite a breve termine ma sulle opportunità a lungo termine.

Come vede l'attuale crisi economica: come una minaccia o un'opportunità? Come avete reagito alle precedenti crisi economiche?

In che modo la recessione può essere un'opportunità per la vostra azienda?

2. Le aziende più importanti sfruttano e traggono profitto dalle mutevoli dinamiche di mercato.

Un'azienda può svilupparsi e generare profitti durante una recessione se comprende le dinamiche di mercato sottostanti. Le crisi tendono a indurre cambiamenti negli individui. La sfida consiste nel rispondere prontamente e direttamente a tali cambiamenti. Per capitalizzare queste tendenze, è essenziale affrontare le cinque "W."

OMS.

Chi sta acquistando attualmente? Le abitudini di acquisto si evolvono, cambiano e si riorientano più frequentemente di quanto non diminuiscano. Anche se la spesa totale può diminuire, queste tendenze non possono essere generalizzate a tutte le industrie e i settori commerciali. Quali sono i nuovi mercati emergenti a cui potete rivolgervi?

COSA.

Quali sono le richieste e i vantaggi attualmente più importanti per i vostri clienti? Esistono nuovi prodotti o servizi che potrebbero affrontare queste transizioni o fungere da valide alternative all'esistente?

QUANDO.

Quali sono le esigenze che il cliente deve soddisfare immediatamente piuttosto che in seguito? Quali incentivi unici incoraggeranno i consumatori ad acquistare oggi?

DOVE.

Durante una recessione, i clienti spesso riconsiderano le loro preferenze di acquisto. Da quali fornitori acquistano attualmente? Come si possono rendere i vostri articoli più accessibili al vostro mercato target?

PERCHÉ.

Il "perché" riguarda le motivazioni di acquisto dei clienti. Quali fattori influenzano attualmente le decisioni di acquisto dei consumatori? Quali sono le aspettative future dei clienti? In che modo queste aspettative influenzeranno il loro attuale comportamento d'acquisto?

3. Le grandi aziende trasformano le "cattive" circostanze in buoni sviluppi.

Nei periodi di crisi economica, le aziende di successo cercano "il lato positivo della nuvola" e mobilitano le loro risorse per cogliere queste opportunità. Non reagiscono, ma agiscono.

I vincitori sanno che il loro futuro non è dettato da eventi esterni, ma da come reagiscono ad essi. Si concentrano su ciò che possono controllare e rispondono in modo proattivo a ciò che non possono controllare.

Quali azioni proattive potete intraprendere invece di reagire alla crisi economica? Come potete impiegare le vostre risorse in modo più efficace per cogliere le opportunità di crescita e di profitto non sfruttate?

4. Le grandi aziende generano modi per una nuova crescita "smantellando" le attività marginali o inutili.

Durante i periodi di espansione e di progresso, è facile diventare dipendenti da spese eccessive, da "strafare" e da un eccesso di fiducia. Spesso si nascondono comportamenti, atteggiamenti e abitudini sciatti. Le imprese spesso ignorano i fondamenti vitali e gli "sprechi".

Le grandi aziende approfittano dei periodi di rallentamento per liberarsi degli "eccessi", ossia di tutti gli sprechi di tempo, denaro o risorse umane che generano un ritorno minimo o nullo. Creano spazio per ulteriori espansioni e ricavi. Per dare il meglio di sé, si concentrano sui propri punti di forza.

Quali spese, progetti o attività stanno prosciugando le risorse della vostra azienda? Quali articoli, servizi o consumatori ostacolano il flusso dei profitti e devono essere eliminati? Quale "grasso" operativo dovete tagliare per diventare un'azienda snella e redditizia, in particolare nell'attuale contesto di crisi economica?

5. Le grandi aziende affinano i muscoli della resilienza per prosperare nei momenti difficili.

L'accelerazione del cambiamento, la crescente complessità e l'aumento dei pericoli sono diventati la nuova realtà aziendale del XXI secolo. Un'azienda deve sviluppare la resilienza per sopportare gli shock esterni che possono danneggiarla.

Inizialmente, la resilienza è una mentalità. Il pensiero della resilienza trasforma il dubbio in certezza, la paura in azione e le difficoltà in un vantaggio. A livello organizzativo, la resilienza deriva da una solida cultura incentrata sulla flessibilità operativa, sulla lealtà del personale e sul lavoro di squadra.

Le grandi aziende non si limitano a riprendersi da una singola crisi o battuta d'arresto. Sviluppano la loro resilienza. Sviluppano la capacità di anticipare l'imprevisto e di reinventare continuamente modelli e tattiche aziendali in base all'evoluzione delle condizioni.

Quanto è resiliente la vostra organizzazione nel riprendersi da crisi o contrattempi, su una scala da 1 a 10?

Quali sforzi potete fare oggi per migliorare la vostra capacità di anticipare e rispondere agli imprevisti di domani?

6. Durante le fasi di crisi economica, le grandi aziende si posizionano aggressivamente davanti alla concorrenza.

La maggior parte delle aziende si mette sulla difensiva per sopravvivere alle crisi economiche, tagliando le spese, riducendo gli sforzi di marketing e mercificando prodotti e servizi.

Al contrario, le grandi aziende fanno il contrario. Si posizionano per avere successo durante la recessione aumentando le promozioni, accelerando il lancio di nuovi prodotti e mantenendo la visibilità. Cogliendo le opportunità emergenti, le aziende si differenziano durante la recessione e si posizionano per un'espansione esponenziale una volta che l'economia si riprende.

Attualmente, la vostra azienda sta assumendo una posizione offensiva o difensiva? Quali sono i tre metodi aggressivi che la vostra azienda può attuare per mantenere la propria presenza sul mercato? In che modo le risposte difensive dei vostri concorrenti possono offrirvi nuove opportunità di crescita e di profitto?

7. Le aziende eccellenti scoprono l'"apprendimento" e lo "scopo più grande" nascosti nelle situazioni difficili.

I nostri ostacoli più grandi sono i nostri istruttori più preziosi. Il loro "scopo più grande" è quello di influenzare i nostri pensieri, comportamenti, tattiche e attività per facilitare il nostro sviluppo futuro.

Le aziende danneggiate da una recessione non riescono mai a comprendere lo scopo più grande che tale periodo potrebbe fornire. Al contrario, vedono solo gli aspetti negativi, reagiscono per paura e adottano una mentalità da vittime.

Al contrario, le grandi aziende considerano le recessioni come opportunità di apprendimento. Riconoscono che i pensieri e le tecniche del passato non sono sufficienti per gestire i problemi di oggi.

Le recessioni incoraggiano queste organizzazioni ad avvicinarsi ai loro clienti, a rivalutare il loro percorso e a intraprendere azioni innovative. La loro ascesa al vertice è spesso il risultato delle loro idee, dei loro atteggiamenti e delle loro risposte a queste circostanze difficili.

In che modo i pensieri e le strategie di ieri vi bloccano oggi? Quali nuove prospettive e comportamenti dovete adottare per prosperare nell'attuale crisi economica? Come potrebbe migliorare la vostra organizzazione a seguito della recessione?

La recessione potrebbe essere una benedizione se vista nel giusto contesto. Almeno l'85% della sopravvivenza o del successo della vostra azienda durante una recessione è sotto il vostro controllo. Potete controllare il modo in cui la vedete, reagite, imparate e vi sviluppate. Le aziende che avranno successo saliranno in cima alla classifica. Volete unirvi alla loro schiera?

CAPITOLO 11: FAR CRESCERE LA VOSTRA ATTIVITÀ INDIPENDENTEMENTE DALLE CONDIZIONI DI MERCATO.

Le persone in giro stanno diventando piccoli scoiattoli. Stanno raccogliendo noci e semi in vista della "primavera". Non volendo rimanere senza nulla quando l'economia si riprenderà, rinunciano alle opportunità di preservare le risorse rimaste. Questa è l'azione sbagliata da intraprendere in questo momento. Le persone dovrebbero rafforzare il proprio status finanziario, ma non nascondere i soldi nei loro letti e nascondere la testa sotto la sabbia.

Prepararsi alla recessione.

Come primo passo, create un piano chiaro e conciso che delinei i vostri scopi e obiettivi per i prossimi tre anni. Includete nel piano un'istantanea completa della vostra situazione finanziaria attuale.

Se non avete ancora monitorato le vostre entrate e uscite mensili, avete del lavoro da fare. Non potete apportare cambiamenti prima di conoscere la vostra situazione attuale. Dopo aver stabilito una base di partenza, potete decidere dove volete arrivare tra tre anni.

Considerate la quantità di denaro che vorreste guadagnare e gli oggetti che vorreste avere nella vostra vita, come una nuova auto, una casa, giocattoli, donazioni di beneficenza, denaro per la scuola di vostro figlio, ecc. Una volta considerati questi fattori, calcolate i costi associati a ciascuno di essi.

Una volta completato il vostro quadro finanziario attuale e l'elenco dei vostri "sogni", potete determinare quanto dovete guadagnare nei prossimi tre anni per raggiungere i vostri obiettivi. Più denaro desiderate, più servizi o "sforzi" sarete costretti a fornire.

Attuazione del piano.

Nel vostro piano dovrete incorporare la riduzione del debito e l'accumulo di ricchezza. Destinate il denaro che avete a disposizione a questi obiettivi in un modo che vi sia più comodo. Includete una somma mensile ripetuta quando aprite un conto commerciale o di investimento.

Se ci si concentra solo sull'eliminazione del debito, si agisce sulle prospettive di business fino a quando non si è estinto tutto il debito. Questo ciclo è inefficace. Non sarete mai in grado di lavorare sui vostri obiettivi e sulle vostre aspirazioni senza fondi.

Conosciamo tutti il ciclo del debito. Proprio quando si sta per finire di pagare i debiti, la macchina si rompe o qualcuno ha bisogno di un apparecchio per i denti. Potete investire ed espandere la vostra attività risparmiando mensilmente in un conto per la creazione di ricchezza.

Andare avanti mentre gli altri si ritirano.

Man mano che il vostro conto per la creazione di ricchezza cresce, dovreste cercare offerte e opportunità per espandere la vostra attività o lanciarne una nuova. Attualmente, un esempio potrebbe essere quello dei consulenti per chi cerca lavoro. Con la contrazione del mercato del lavoro, sempre più persone hanno bisogno di assistenza per distinguersi dagli altri candidati.

Esistono molti metodi con cui un imprenditore può aiutare le persone a trovare e ottenere un impiego. Dovete anche essere alla ricerca di nuovi approcci per migliorare le cose che impiegate spesso. Gli articoli nuovi e migliorati troveranno sempre un mercato. Inoltre, iniziate a prestare molta attenzione al comportamento di mercato dei milionari e, più essenzialmente, dei miliardari.

In tempi di turbolenza economica, molti individui accumulano immense ricchezze. Se prestate grande attenzione, vi forniranno un'infinità di informazioni su aziende e settori affidabili in cui sarebbe prudente investire. Tutto dipende dal vostro modo di pensare e dalla vostra preparazione ad affrontare gli ostacoli.

Migliorare le capacità e la mentalità.

Migliorare le vostre conoscenze e, soprattutto, la vostra fiducia in voi stessi è una delle cose essenziali che potete fare per aumentare il vostro potenziale di guadagno. Leggere un libro o vedere un film motivazionale ogni settimana potrebbe darvi la fiducia necessaria per perseguire i vostri obiettivi.

Mentre si sta seduti a lamentarsi dell'economia, non si ottiene nulla. Le persone che non hanno paura di investire in se stesse e di agire, anche se altri si nascondono dal mondo, saranno premiate in questa nuova era.

Infine, considerate il tipo di vita che aspirate a condurre e come state già vivendo. Credete che le vostre abitudini, attività e idee attuali siano congruenti con la vita che desiderate creare? Cosa si può fare per mettere in armonia questi tre elementi?

Una volta cambiate le abitudini, le azioni e le convinzioni, la vostra vita si trasformerà e sarete in grado di creare la ricchezza che meritate.

Infine, considerate il tipo di vita che aspirate a condurre e come state già vivendo.

Credete che le vostre abitudini, attività e idee attuali siano congruenti con la vita che desiderate creare?

Quali passi potete fare per allineare questi tre elementi?

Una volta cambiate le abitudini, le azioni e le convinzioni, la vostra vita si trasformerà e sarete in grado di creare la ricchezza che meritate. Ponetevi l'obiettivo quotidiano di imparare qualcosa di nuovo da questi libri. Cambierà la vostra visione del mondo.

CAPITOLO 12: CONCENTRARSI SULL'INNOVAZIONE, NON SULLA RECESSIONE.

Il mondo si è appena evoluto. Il vecchio mondo dei servizi finanziari non esiste più e, di conseguenza, molte delle prospettive di lavoro che stavate cercando potrebbero essere svanite.

La promozione che cercavate potrebbe non essere più disponibile. Il bonus per il quale avete faticato per nove mesi potrebbe non concretizzarsi. Forse la banca per cui desideravate lavorare non esiste più. La strategia di partenza a lungo termine che avevate in mente potrebbe improvvisamente apparire irrealistica.

Tutto ciò implica solo tristezza e malinconia? Per alcuni individui, forse. Ma per coloro che sono lungimiranti, questa è una fantastica opportunità per reinventarsi invece di preoccuparsi di tutte le notizie di recessione e declino.

Mentre le istituzioni finanziarie si sottopongono all'arduo processo di reinventarsi per rispondere alle esigenze di un mondo caratterizzato da una maggiore regolamentazione, da profitti più bassi e da una crescita più lenta, voi dovreste concentrarvi sulla reinvenzione di voi stessi e della vostra carriera, indipendentemente dal fatto che siate stati colpiti da ristrutturazioni e licenziamenti.

Nel corso della mia carriera mi sono rifatto tre volte. Ogni volta il catalizzatore è stato un mercato difficile. Ogni volta, l'evento difficile si è rivelato la cosa migliore della mia vita professionale.

Anche se al momento può non sembrare così, il mercato attuale potrebbe essere la cosa più bella che vi sia mai capitata.

Ecco cinque strategie che ho scoperto per riprogettare la vostra professione in un'economia difficile:

1. Rimanere aggiornati (nei limiti del ragionevole)

Dovete essere consapevoli di ciò che accade sul mercato per adattarvi alle esigenze in continua evoluzione. Ma non è necessario leggere tutti i pronostici funesti scritti.

Il consumo eccessivo di articoli di notizie apocalittiche e di profezie spaventose vi paralizzerà con la paura, inducendovi a non fare nulla. Il "non fare nulla" è una strategia inadeguata in un mondo in cui tutto cambia rapidamente.

2. Mantenere l'attenzione sui propri vantaggi.

Ogni banca razionalizza le proprie operazioni per concentrarsi sull'attività principale, dove è idealmente posizionata per dare il massimo valore al mercato. È proprio questo che dovreste fare in questo momento: concentrarvi sulla reinvenzione dei vostri asset principali e delle vostre capacità distintive, per poi metterli a disposizione delle organizzazioni (vostre e di altri) che ne possono beneficiare.

3. Concentrarsi sul divertimento.

Avete letto bene: "divertente".

Tentare di reinventarsi in un ruolo che si crede di dover ricoprire o che gli altri ritengono "adatto a noi" non è una buona idea. Qualsiasi processo di trasformazione comporta uno sforzo arduo, l'incontro con ostacoli e la sopportazione di battute d'arresto. Se state perseguendo qualcosa per cui avete poca passione, avete poche possibilità di superare le battute d'arresto o di vincere gli ostacoli.

Concentratevi invece sull'individuazione di ruoli che includano attività che vi piacciono. Lavori che utilizzano le capacità che vi piacciono e che vi permettono di lavorare con le persone con cui vi piace interagire.

4. Sperimentare molto di più.

Alcuni individui sanno di voler trasformare se stessi e il proprio lavoro, ma non sanno come.

Ma c'è un segreto: non è necessario saperlo. L'unico modo per determinare la risposta è condurre esperimenti. Osservate qualcuno, offrite i vostri servizi come volontari e provate diverse professioni. Poi, iniziate a osservare ciò che vi attrae; ciò che vi attrae è di solito un buon indicatore del tipo di attività verso cui dovreste orientarvi.

5. Mantenere la concentrazione sul sogno.

La maggior parte delle persone ha almeno un sogno. Una visione o un grande piano per lo stile di vita futuro che desiderano. È qualcosa che li delizia e li terrorizza allo stesso tempo. Questo è il momento di prestare attenzione a quel sogno. Un mercato difficile è un'opportunità per realizzare il vostro sogno; l'innovazione è il veicolo che vi porterà lì molto più velocemente di quanto abbiate mai sognato.

Allora ditemi, quale sogno avete sempre tenuto per voi? Come potete utilizzare il processo di reinvenzione che state per intraprendere per rimanere in linea con la vostra visione convincente? Potete procedere con l'azione in questo momento?

La vostra ricerca.

Programmate 60 minuti nel vostro calendario nei giorni successivi per valutare questo elenco e iniziare la vostra reinvenzione. Prima che rispondiate: "Non ho tempo", vorrei ricordarvi che non si tratta di "tempo", ma di priorità. È il momento perfetto per mettere se stessi al primo posto e investire nel proprio sviluppo personale per assicurarsi di essere pronti per un nuovo mercato.

La parola "reinvenzione" sembra un termine riservato a politici, artisti e personaggi dello spettacolo. Tuttavia, non è così. Tutti noi ci reinventiamo nel corso della nostra vita e del nostro lavoro. Il processo di reinvenzione è parte integrante della vostra crescita e del vostro sviluppo. Per quanto riguarda la vostra carriera, state semplicemente passando da un CAPITOLO all'altro.

Nel mondo globalizzato e interconnesso in cui viviamo, la ristrutturazione fa parte della carriera di tutti. Di conseguenza, tutti noi avremo molti più CAPITOLI di carriera rispetto alle generazioni precedenti. Di conseguenza, potreste avere molte più storie da condividere con i vostri nipoti quando andrete in pensione.

Quindi, anche se il mondo finanziario è cambiato nelle ultime due settimane, considerate lo stato attuale del settore e dell'economia come un'opportunità per lanciare la prossima fase della vostra carriera. Un'occasione per scrivere la vostra storia, anziché lasciare che il vostro datore di lavoro o gli autori dei titoli lo facciano per voi.

CAPITOLO 13: STRATEGIE PER AUMENTARE LE VENDITE DURANTE LA RECESSIONE.

Le persone e le imprese non hanno smesso del tutto di spendere. Sono semplicemente più esigenti e avversi al rischio nelle loro decisioni di acquisto.

Se utilizzate queste quattro astute tecniche per combattere la recessione, ne uscirete indenni.

Quattro strategie di marketing che sfidano la recessione.

1. Includete un'offerta introduttiva senza rischi. Ad esempio, il carrello della spesa online che utilizzo offre una prova gratuita di 30 giorni. Potete iscrivervi, configurare il carrello e usarlo per le transazioni reali

senza pagare fino al 30° giorno. (A quel punto, si diventa dipendenti!)

L'acquirente può restituire tutti gli articoli prima del 30° giorno e non gli verrà addebitato nulla. Per i servizi non mensili, è possibile raccogliere i dati della carta di credito del cliente o un assegno in anticipo, garantendo di non addebitare la carta o restituire la fattura se il cliente non è soddisfatto.

2. Creare e commercializzare articoli informativi. I prodotti informativi offrono ai potenziali clienti un modo a basso rischio e a basso impegno per conoscere ed eventualmente fidarsi di un fornitore. Potete venderli agli amanti del fai-da-te che potrebbero non essere in grado di permettersi un servizio completo e ai clienti abituali interessati a conoscere un nuovo argomento.

Oltre a fornire un altro flusso di entrate durante la crisi, i prodotti informativi continueranno a farlo anche quando l'economia si riprenderà (come sicuramente accadrà) senza altri sforzi. Iniziate in piccolo, ad esempio con brevi rapporti scaricabili o registrazioni audio di interviste ad esperti, per avere prodotti pronti per la vendita nel giro di poche settimane.

3. Determinate il loro polso. Di che cosa hanno bisogno i vostri clienti nell'immediato?

Prestate attenzione alla terra. Osservate le lamentele, le domande e i desideri del vostro pubblico target nei gruppi di discussione via e-mail e nei forum online. Aggiungete un nuovo prodotto o servizio o modificatene uno attuale in base alle vostre conoscenze sui loro problemi.

Supponiamo di notare un numero maggiore di domande sui forum finanziari da parte di coppie prossime alla pensione o di genitori con più figli all'università. Potreste facilmente creare seminari, relazioni e linee telefoniche dedicate a queste popolazioni specifiche.

4. Perseguire le pubbliche relazioni. Investite un po' di tempo per capire cosa fa notizia agli occhi dei media e utilizzate lettere di presentazione e comunicati stampa

per promuovere la vostra azienda o voi stessi. Per ottenere copertura mediatica, è sufficiente chiamare la redazione del giornale o della stazione televisiva della vostra città e spiegare perché siete l'aspetto locale della questione più importante del giorno.

In un periodo di recessione, potete avere maggiori possibilità di ottenere 15 minuti di notorietà perché i vostri concorrenti potrebbero aver ridotto i compensi delle loro agenzie di PR. Cercate su Google "servizio di rifacimento dei comunicati stampa" per trovare un compromesso conveniente tra creare i vostri comunicati e chiedere a qualcun altro di farlo per voi.

Invece di ascoltare le persone che si lamentano che il cielo sta cadendo, potreste utilizzare questi metodi di prevenzione della recessione. Guarderete al passato con un sorriso e con un enorme portafoglio in banca.

CONCLUSIONE.

Ovunque ci si giri, si sente dire che l'economia sta entrando in recessione, che è sull'orlo di una depressione o che è già in recessione. È abbastanza per far impazzire una persona. Se è vero che oggi nel mondo esistono difficoltà finanziarie, è anche vero che il continuo parlare di catastrofi finanziarie contribuisce allo sviluppo di queste condizioni.

Quando le persone sentono solo dire che l'economia è orribile, che i licenziamenti sono imminenti e che avremo problemi di denaro per mesi, se non anni, diventano riluttanti a spendere. Quando le persone non spendono, l'economia diminuisce. Si tratta di una profezia che si autoavvera.

Come potete gestire in modo adeguato queste difficili circostanze economiche che tutti dobbiamo affrontare? Ecco alcuni suggerimenti utili.

State lontani dalle paure e dalle sciagure dei media.

Di solito guardo i notiziari in televisione o li ascolto mentre guido. Il frequente flusso di informazioni negative mi rendeva impossibile rimanere ottimista sulla mia situazione finanziaria. Sono diventato sempre più preoccupato per il futuro. Ho scelto di staccare la spina dai media. Mi rifiuto di leggere o di sentir parlare di quanto sia terribile la situazione. Di conseguenza, sono molto più ottimista sul mio futuro.

Se siete ansiosi per la situazione attuale del mondo, potete evitare le pubblicazioni che affermano costantemente che la fine del mondo è imminente. Non preoccupatevi: sarete informati se si verificherà qualcosa di veramente significativo.

Riconoscere che i propri risultati non sono frutto del caso.

Il successo che state vivendo è il risultato di ciò che siete. Non è un caso. Non è solo una questione di fortuna, perché avete lavorato per creare valore per gli altri e ora state raccogliendo i frutti dei vostri sforzi.

Il fatto che le condizioni economiche cambino non significa che il vostro successo svanirà sotto i vostri piedi. Avete una coscienza del successo che vi aiuterà a raggiungere il successo in un clima economico in continua evoluzione.

Secondo un vecchio proverbio, se si prendesse tutto il denaro e lo si dividesse in parti uguali, i miliardari tornerebbero rapidamente a essere milionari perché hanno una mentalità di successo e prosperità. Il vostro successo è il risultato della vostra consapevolezza; nessuno può portarvelo via, a meno che non glielo permettiate.

Immaginate il vostro successo continuo.

Mantenete un'immagine mentale di voi stessi come persona di successo. Osservate gli altri che vi offrono eccellenti opportunità che si traducono in abbondanti ricompense. Sembra incredibile? Non lo è. È una tecnica di successo molto efficace. Ralph Waldo Emerson affermava: "Diventiamo ciò a cui pensiamo durante il giorno".

Tutti noi agiamo in base a come ci percepiamo nella nostra mente. Mantenendo un'immagine mentale dei vostri successi, segnalerete inconsciamente agli altri che avete successo. La vostra continua prosperità ne deriverà inevitabilmente.

Non è semplice, ma ne vale la pena.

Se credete che sia semplice, vi sbagliate. Con tutte le chiacchiere sul declino del mercato immobiliare, potrei essere pazzo. Tuttavia, è ipotizzabile. Tuttavia, la mia esperienza personale e quella di altre persone di successo mi hanno dimostrato che quando gestiamo la nostra mente, controlliamo il nostro destino.

Secondo William James, "la più grande rivoluzione del nostro tempo è la consapevolezza che le persone possono cambiare le caratteristiche esterne della loro vita cambiando gli atteggiamenti interni della loro mente". Era esatto quando William James lo disse e lo è ancora oggi. Mettete la vostra mentalità a prova di recessione per continuare a godere di tutto ciò che la vita ha da offrire.

Competenze gestionali per manager.

- ➤ Gestione del tempo per manager
- ➤ Coaching dei dipendenti per manager
- ➤ Team building per manager
- ➤ Fiducia in se stessi per manager
- ➤ Abilità di negoziazione per manager
- ➤ Abilità di servizio al cliente per manager
- ➤ Assertività per manager
- ➤ Galateo aziendale per manager
- ➤ Capacità di ascolto per manager
- ➤ Competenze di leadership per manager
- ➤ Abilità di comunicazione per manager
- ➤ Abilità di presentazione per manager
- ➤ Gestione dello stress per manager
- ➤ Processo decisionale per manager
- ➤ Gestione dei conflitti per manager.

Serie: Libertà finanziaria a qualsiasi età.

- ➤ Raggiungere la libertà finanziaria a 20 anni
- ➤ Raggiungere la libertà finanziaria a 30 anni
- ➤ Raggiungere la libertà finanziaria a 40 anni
- ➤ Raggiungere la libertà finanziaria a 50 anni
- ➤ Raggiungere la libertà finanziaria a 60 anni
- ➤ Raggiungere la libertà finanziaria a 70 anni e oltre.
- ➤ Raggiungere la libertà finanziaria nei bambini
- ➤ Raggiungere la libertà finanziaria negli adolescenti
- ➤ Raggiungere la libertà finanziaria negli studenti universitari.
- ➤ Truffe finanziarie da cui stare attenti in pensione.

Serie: Finanza personale per voi.
- ➢ Comprare e vendere criptovalute per principianti
- ➢ Perché investire in azioni a dividendo ha senso.

Serie: Ricchezza 2022.

- ➢ Imprenditorialità online.
- ➢ Avviare un'attività in proprio
- ➢ Gestione della ricchezza
- ➢ Reddito passivo.
- ➢ 12 passi per avviare un'attività in proprio.

Serie: Servizio clienti eccellente.

- ➢ Servizio clienti eccellente nella vendita al dettaglio
- ➢ Servizio clienti eccellente nei fast food
- ➢ Servizio clienti eccellente in un ristorante a servizio completo
- ➢ Servizio clienti eccellente nell'insegnamento.
- ➢ Servizio clienti eccellente nel settore immobiliare
- ➢ Servizio clienti eccellente in un call center
- ➢ Servizio clienti eccellente come receptionist
- ➢ Servizio clienti eccellente in un hotel
- ➢ Servizio clienti eccellente nella vendita
- ➢ Servizio clienti eccellente in qualsiasi situazione.
- ➢ Servizio clienti eccellente in uno studio dentistico

- Servizio clienti eccellente in uno studio medico.

Serie: Soldi veloci.

- Soldi veloci in una settimana
- Soldi veloci in un weekend
- Soldi veloci in un mese
- Soldi veloci per studenti.

Serie: Come promuovere.

- Come promuovere il libro di ricette
- Come promuovere un libro per bambini.

Altri libri di D.K. Hawkins.

- Come far prosperare l'azienda durante la recessione
- Creare un plusvalore per i clienti
- Riconoscere le opportunità per aumentare il flusso di cassa.
- Le recessioni sono il momento in cui si creano milionari e miliardari.

Biografia dell'autore

D.K. Hawkins. A D.K. piace leggere libri di economia personale e passare il tempo all'aria aperta. Altri libri verranno aggiunti a questa raccolta, quindi vi invitiamo a seguirci su Amazon per altri libri.

Grazie per aver acquistato questo libro.

Lo apprezzo sinceramente e apprezzo lei, il mio eccellente cliente.

Dio vi benedica.

D.K. Hawkins.

www.ingramcontent.com/pod-product-compliance
Lightning Source LLC
Chambersburg PA
CBHW050012230526
45465CB00003BB/1387